우승섭골프특강

이론과 기술

청동과 대리석으로 만든
책꽂이

골프용품 수장가들의
사랑을 받고 있는
옛날 스코어카드와
우편 봉투

골프 애호가의 관심을 끄는
1743년 이래 발간된
수천종의 골프 서적들

우승섭골프특강 ③

이론과 기술

명지사

추천의 말

많은 분들의 경우와 마찬가지로 나도 한때는 골프의 골자만 나와도 손사래를 내저으며 한 10리쯤 달아날 채비를 하던 시절이 있었다. 오랫동안 체육 기자 생활을 해오는 중 주위로부터 심심치 않게 골프를 배워 보라는 권유를 받을 때마다 "내 주제에 골프는 무슨……"그러면서 골프란 나와는 전혀 관계가 없다고 치부해 버리곤 했다.

50년대 우리의 농구 스타 플레이어였던 김영기씨가 한번은 "농구가 재미있어 농구 선수 생활을 해 왔지만, 골프를 해 보니 이 세상에서 이 이상 더 좋은 운동이 없다"는 권유에도 "골프가 그렇게 재미있으면 혼자나 하슈." 하고 속으로 코방귀만 뀌곤 했다.

그러던 내가 정말 우연한 기회에 골프채를 잡게 되어 골프를 시작해 보니 왜 진작 좀더 빨리 배우지 못했는가 하고 후회될 정도였다. 그래서 골프를 가기로 약속한 전날 밤이면, 국민학교 때 소풍 가기 전날 밤 가슴이 울렁거려 잠을 못 이룬 것처럼, 뜬눈으로 밤을 새운 뒤 새벽탕까지 다니게 되었다.

그런데 한 가지 딱한 것은 어떻게 좀 맞아주는 날이면 더할 나위 없이 재미가 있지만, 그렇지 않은 날이면 오히려 스트레스가 쌓이는 것이었다. 물론 일이 바쁘기도 하지만 마땅한 골프 가이드가 없어 지식을 얻을 수 없었고 연습장에도 자주 나갈 수 없는 형편이니 잘 맞지 않는 것은 너무나 당연한 일이었다.

그러던 차에 〈스포츠 서울〉에 연재되는 「우승섭골프특강」을 대하게 되었다. 「우승섭골프특강」이 나의 관심을 끈 것은 실전에 아주 필요한 지식들을 적절한 실례를 들면서 쉽게 풀어 주기 때문이었다. 또한 우승섭 선배의 그 해박한 골프 지식과 이론에 어느덧 매료되고 말았다.

「우승섭골프특강」 1, 2권으로 이미 골퍼들에게 많은 관심과 선풍을 불러일으킨 우승섭씨가 이번에 골퍼들의 열망으로 3, 4권을 내면서 나에게 책 머리에 실을 글을 청해 와 분에 넘치는 영광이긴 하지만 처음에는 극구 사양했다.

그러나 「우승섭골프특강」으로 많은 도움을 받은 몸으로 무작정 사양만 하는 것도 도리가 아니고, 또 나와 같은 처지의 분들에게 권하고 싶은 심정으로 쾌히 이 글을 적는 바이다.

스포츠서울 편집국장   유   홍   락

그 립
Grip

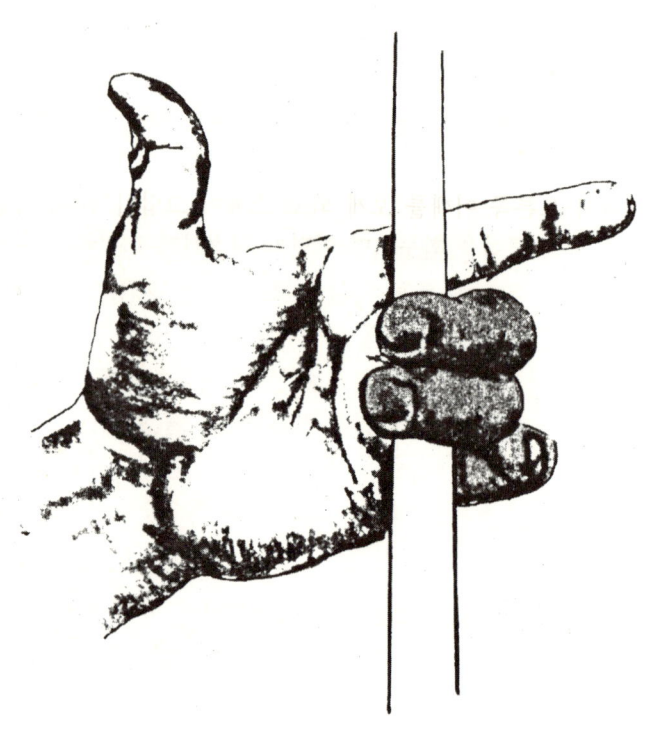

그립을 잡는 것부터 신중하게 하라

아무렇게나 잡는 것 같은 그립(Grip)이지만 그것이 타구에 결정적인 역할을 한다는 사실은 초보자 시절을 거쳐 어느 정도의 수준급 골퍼가 되면 실감하게 된다. 왼손 끝 세 손가락으로 클럽을 확실하게 잡고 엄지손가락을 샤프트 위에 올려 놓는 그립……. 그러면 엄지와 둘째손가락 사이에 만들어진 V자로 꽉 조여져서 오른쪽 어깨를 보게 되고 스퀘어 그립이 된다. 이렇게 왼손을 잡고 클럽을 휘두르면 어딘가 허전하게 느껴지는 사람도 있을 것이다. 만일 그렇게 느껴진다면 그것은 아직도 왼손이 리드한다는 스윙의 기본 원리에 익숙해 있지 않기 때문이다. 또 그것은 왼쪽(왼팔 왼손)의 근육이 골프에 적합할 만큼 발달돼 있지 않은 증거다.

스윙이란 무엇보다도 몸을 중심으로 클럽 헤드가 크게 돌아가며 원을 그리는 방법을 알아야 한다. 이를 위한 연습으로는 왼팔만으로 스윙 연습을 하면 효과는 만점이다. 몸이 돌 때 팔과 클럽이 따라 도는 감각을 느낄 수 있어야 흔히 말하는 왼쪽 리드를 실감하게 되고, 그래야 공은 '보다 멀리, 보다 정확하게' 날아가게 되는 것이다. 스윙이란 두말할 것도 없이 공을 때리거나 치기 위한 동작이지만 클럽을 바로 (쉬우면서도 어려운 일이지만……) 휘둘러줄 줄 알아야 공은 똑바로 날아가게 된다.

스윙의 주체는 왼팔 왼손이지만 골프는 분명히 두 손으로 클럽을 잡고 휘둘러 주는 운동이다. 그렇다고 오른손이 왼손보다 월등하게 힘이 센 그대로 가세해도 된다는 말은 아니고, 왼손이 오른손의 힘에 눌리지 않을 만큼의 역할을 할 줄 알아야 된다는 것을 교훈으로 삼아야 할 것이다.

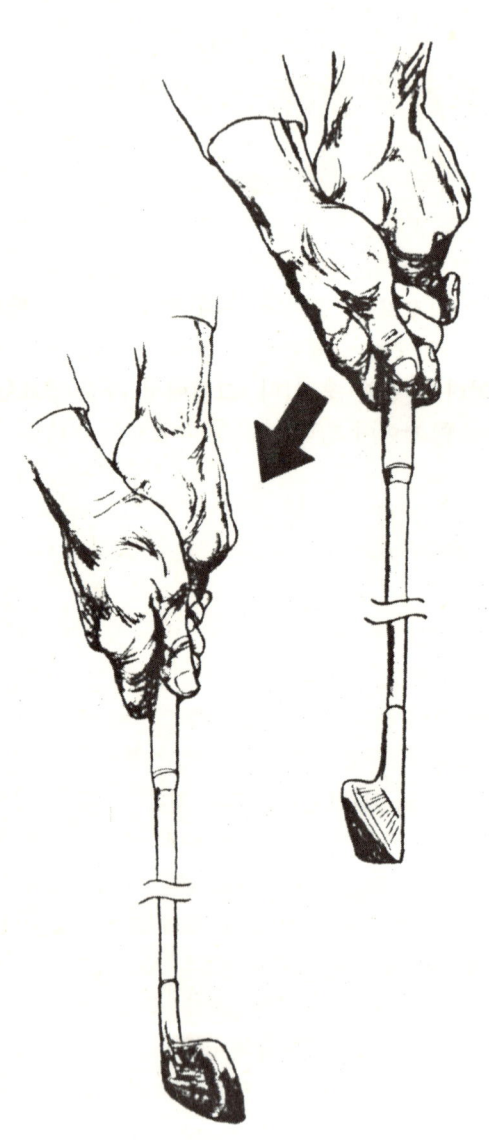

클럽은 목표와 직각되게 잡아라

타구 방향이 잘못되거나 거리가 나지 않는 사람은 그립부터 다시 점검할 필요가 있다. 클럽을 잡는 방법(그립)은 별로 어렵지 않다. 그립을 잡는 방법에는 여러 가지가 있어 두 손을 잡는 방법은 각각 다르지만, 손바닥 속에 클럽을 넣는 방법은 어느 것이나 똑같다. 그렇기 때문에 클럽을 잡는 실제의 방법은 한 가지밖에 없다고 말할 수 있다. 그립에서 가장 중요한 것은 두 손을 서로 마주 잡아야 한다는 사실이다.

두 손을 마주 잡는다는 것은 손바닥이 목표와 직각이 되게 하는 것이다. 이것만은 초보자든 프로 골퍼든 반드시 지켜야 할 그립의 기본이다. 그립을 잘못 잡는 대표적인 유형은 왼손을 엎어잡는 것이다.

그립을 엎어잡으면 세게 잡는 것 같은 느낌이 들기는 한다. 그러나 스윙은 팔만으로 하는 것이 아니다. 그립은 클럽과 몸을 연결하는 접점에 불과하고 스윙을 하는 것은 전신이다. 몸 전체를 써서 스윙을 할 때 공을 직각으로 맞히기 쉬운 방법이 스퀘어 그립(Square Grip)이다. 그러나 왼손을 엎어 잡으면 코킹(Cocking)이 잘못될 뿐 아니라 몸을 바로 쓰는 방법도 영원히 배우지 못하게 되고 만다. 손은 손바닥이 서로 직각으로 마주 보도록 잡을 때 가장 자연스럽다. 그런데 왼손을 엎어잡고 클럽 페이스를 목표와 직각이 되게 어드레스를 해도 공을 맞히는 순간(Impact) 두 손이 목표와 직각이 되려면 클럽 페이스는 엎어지고 만다. 당연히 공은 엎어맞아 훅이 날 수밖에 없다.

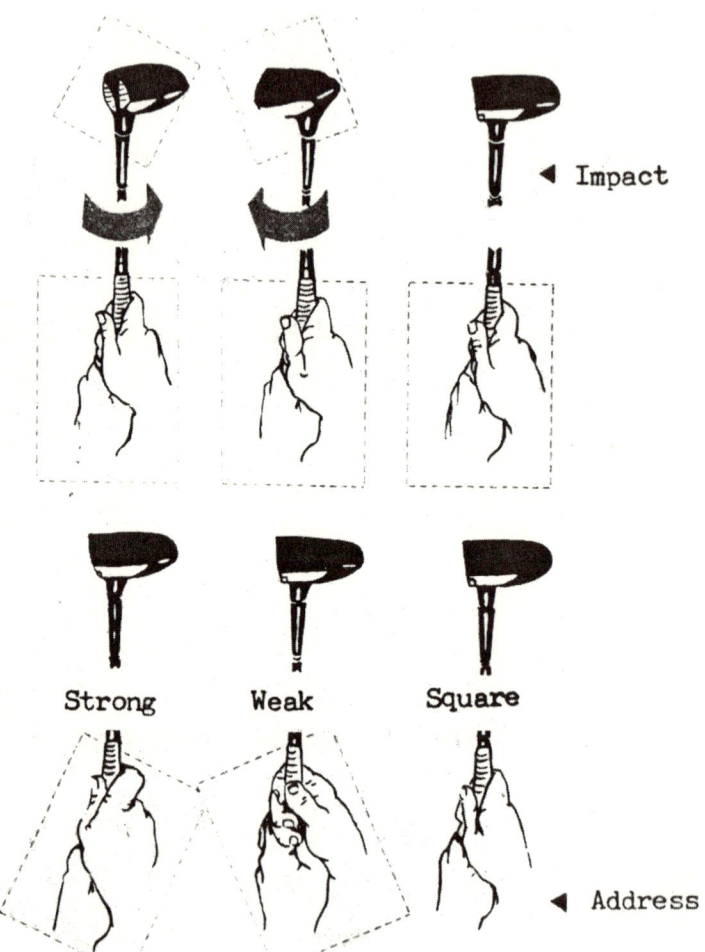

◀ Impact

Strong   Weak   Square

◀ Address

왼팔 모든 부위가 일직선되게

스퀘어의 원리만 마스터하면 90은 무난히 깰 수가 있다. 그렇지만 좀더 쉬우면서도 합리적인 골프 기술을 터득하기 위해서는 왼손의 등과 클럽 페이스뿐만 아니라 팔등까지도 목표선과 직각이 되는 그립을 하지 않으면 안 된다.

이처럼 손등, 손목, 팔등이 일직선으로 동일한 평면상에 있는 상태를 스윙하는 동안 무너지지 않고 그대로 유지할 수 있으면 가장 쉽고 간결한 스윙을 완성할 수 있다. 몸의 중심축을 돌림으로써 팔과 클럽이 따라 도는 스윙을 하기 위해서는 왼손의 모든 부분이 목표선과 직각을 이뤄야 가능해진다. 그것은 스윙을 시작하는 초기 단계에서 이미 임팩트 자세(직각으로 공을 맞히는)를 만들어 놓기 때문이다. 이것이 소위 어드레스 자세에서 공을 맞히는 원리다. 더욱이 스윙 도중에 손이나 팔에 의한 불필요한 동작을 없애 버리고 공을 맞히는 데만 모든 근육을 동원할 수 있기 때문에 강한 타구를 기대할 수도 있다.

골프에서의 모든 동작은 다음 동작을 위한 예비 동작이라고 했지만, 공을 바로 (직각으로) 맞히기 위해서는 처음부터 직각으로 맞힐 수 있는 그런 자세를 잡는 것처럼 좋은 방법은 없다. 다시 말하면 클럽 페이스가 목표선과 직각이 된 상태에서 공을 맞히기 위해서는 어드레스와 그립에서부터 '직각의 원리'를 채용하는 것이 가장 합리적이란 말이다. 스트롱 그립(Strong Grip)이나 위크 그립(Weak Grip)에서 장점은 있지만 아무래도 초보자나 일반 골퍼에겐 무리한 그립이다. 처음부터 끝까지 '직각의 원리'를 고수하는 고집(?)이 골프 기술을 향상시켜 줄 것이다.

왼손의 엄지손가락은 그립 위에

아마추어 골퍼의 모든 것은 스퀘어가 기본이라고 했다. 왼손 등, 손목, 팔등까지가 일직선으로 같은 평면상에 있게 되는 스퀘어 그립은 왼손 엄지손가락의 위치가 기준(지표)이 된다. 결론부터 말해서 왼손의 엄지손가락은 그립(샤프트의 일부분) 바로 위에 있지 않으면 안 된다. 그래야 끝 세 손가락이 클럽과 손을 이어주는 이음새(Joint) 역할을 하게 된다.

왼손의 끝 세 손가락이 그립을 튼튼하게 감아야 둘째손가락이 그립을 밑에서 위로 받쳐줄 수가 있다. 엄지손가락을 그립 바로 위에 놓을 때 조심해야 할 것은 엄지손가락을 쭉 펴지 말고 오므려서 잡아야 한다는 점이다(Short Thumb). 엄지손가락(양쪽 모두)을 완전히 펴서 그립을 잡으면 손바닥이 그립에 접하는 부분이 많기 때문에 손가락으로 잡아야 하는 그립(Finger Grip)이 되기는 어렵다. 그립은 열 손가락이 가지런히 붙어 있고 엄지손가락이 조여진 상태에서 모든 손가락에 힘이 비교적 골고루 들어가는 것이 이상적이다.

이것이 스퀘어 그립의 기본이다. 이처럼 '직각의 원리'를 그대로 유지한 상태에서 일정한 스윙 평면(Swing Plane)을 따라 클럽을 끌어올리면(Backswing) 톱 오브 스윙 때 왼손의 엄지손가락이 그립을 아래서 받쳐주는 역할을 한다. 이때 엄지손가락이 뻗어 있거나(Long Thumb) 끝 세 손가락이 느슨하면 클럽의 무게를 받칠 수 없게 되어 그립을 잡고 있으면서도 그립을 놓치는 결과가 된다. 일반적으로 아마추어 골퍼가 오버 스윙이 되는 것은 대개 왼손의 끝 세 손가락이 느슨해 있기 때문이다.

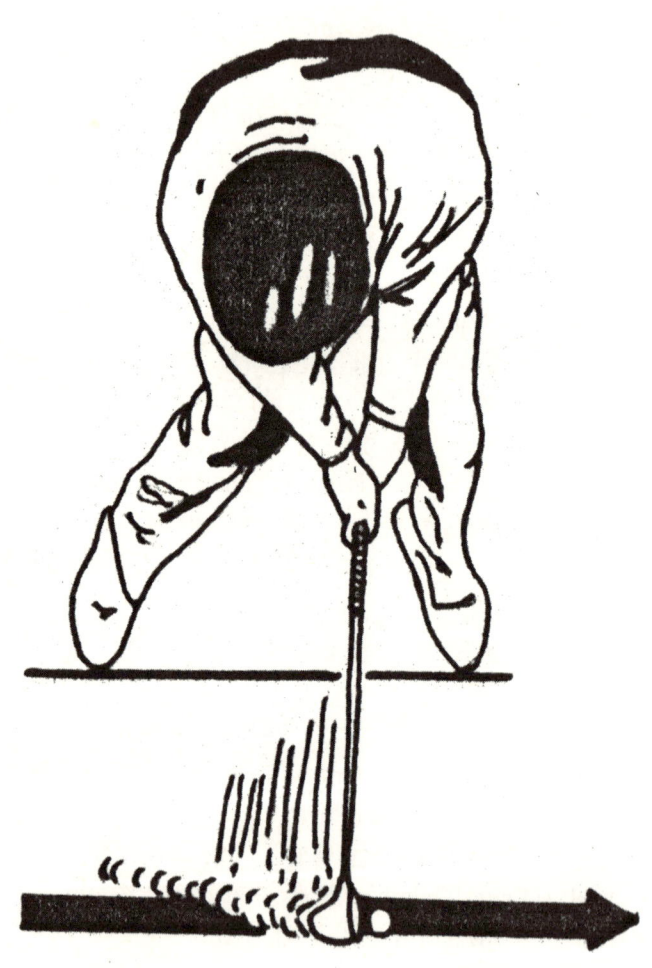

클럽을 회초리처럼 쓸 줄 알아야

골프를 거리의 게임이라고 하는 것은 장타일수록 게임이 쉬워지기 때문이다. 영감님 상투 크다고 좋은 것은 아니라지만, 그래도 타구 거리만은 짧은 것보다는 긴 것이 유리하다. 물론 방향이 정확하다는 전제하에서다. 타구의 거리는 클럽 헤드의 속도에 비례한다. 공을 맞히는 순간 클럽 헤드의 속도가 빠르면 빠를수록 공은 멀리 날아간다. 그래서 클럽 헤드의 스피드를 높이기 위해서는 몸 정면에서 공을 맞혀야 한다. 이때 그립 끝(Grip-End)은 어드레스 때처럼 몸 중심으로 향해 있어야 한다.

이것은 백스윙이나 다운스윙 때에도 마찬가지다. 스윙이 진행되는 동안 그립 끝이 몸 중심에서 빠지면 스윙 궤도가 벗어나게 된다. 만일 공을 맞히는 순간 그립을 잡은 두 손이 몸 정면보다 목표선 쪽(왼쪽)으로 나가 있으면 공을 때린다기보다는 공을 미는 결과가 된다. 공을 강하게 맞히기 위해서는 클럽을 회초리(파리채)처럼 쓸 줄 알아야 한다. 몽둥이로 파리를 잡듯 해서는 안 된다는 말이다.

또 한 가지 중요한 것은 공을 맞힐 때 클럽 헤드로 지면을 쓴다는 감각을 갖는 것이다. 공을 때릴 때 오른손은 낫으로 풀을 베는 동작과 같아야 한다고 했다. 클럽을 거꾸로 잡고 (그립 대신 클럽 헤드를 잡고) 휘둘러 보면 어느 정도 이해가 될 것이다. 공을 맞히는 것은 받아친다는 쪽보다는 뿌려친다는 쪽의 표현이 맞을 것이다. 클럽 헤드로 지면을 쓸어내듯 스윙을 하면 그 도중에 공을 맞히게 된다. 임팩트 때 공을 때린다고 생각하면 스윙은 원운동이 되지 못하고 도끼질 같은 운동으로 끝나고 말 것이다.

어려운 어프로치 때 그립에 신경을

파4의 홀(이것을 미들홀이라고 불러서는 안 된다. 물론 파5의 홀을 롱홀, 파3을 숏홀이라고 해도 안 된다)에서 파플레이(4타)의 이상형은 2온 2펏이 정석이다. 그렇지만 때로는 3학년 1반(3온 1펏)도 파는 파다. 일반적으로 파4홀의 경우 아마추어 골퍼의 공격 패턴은 3학년 2반(3온 2펏)이다. 3학년 1반 학생들(?)의 파플레이는 정교한 어프로치샷(핀에 붙이는)과 그린에 올라가면 1퍼팅으로 마무리짓는 숏게임의 명수들이다. 이런 타입의 골퍼가 되기 위해서는 숏게임의 기량뿐만 아니라 '하면 된다'는 확고한 의지와 목표가 있어야 한다.

목표 없는 골프는 목적지도 시간 제한도 없는 산책과 같은 것이다. 아무리 즐거운 골프를 표방한다 해도 코스를 공략하고 스코어에 도전하는 기백이야말로 기술 향상을 위한 밑거름이 된다. 그렇기 때문에 제2타가 그린을 벗어난다 해도 절대로 포기하지 않는 강한 정신력이 있어야 한다. 바로 이것이 3학년 1반의 기본 정신이다.

어렵고 까다로운 어프로치샷을 해야 하는 상황(벙커 너머 그린이 있고 그린 앞쪽에 핀이 있을 때나 그린이 우뚝 올라붙은 경우)일 때 아마추어 골퍼는 미스샷을 많이 하게 된다. 그것은 공의 낙하 지점이 극도로 좁아 긴장하게 되는 탓이다. 머리를 든다든가 뒤땅을 치는 등의 악순환이 되풀이되는 상황이 일어나게 된다. 이런 때에는 어드레스 때 왼쪽 그립(끝 세 손가락)을 강하게 잡는 것이 좋다. 긴요한 1타가 잘못되는 상황에서는 대개 그립이 느슨해지기 쉬운 점을 되새겨야 할 것이다.

퍼터 때도 그립 잡는 방법은 같게

아마추어 골퍼의 모든 것은 단순할수록 좋다고 했다. 스윙이 그렇고 그립 또한 예외는 아니다. 드라이버에서 퍼터에 이르기까지 그립을 잡는 방법은 같아야 클럽이 바뀌어도 이질감이나 생소한 느낌이 들지 않는다. 퍼터라고 꼭 다른 방법으로 잡아야 할 이유는 없다. 오버래핑 그립(Overlapping Grip)을 하는 사람도 퍼터만큼은 새끼손가락을 어기채서 잡는다. 아니면 오른손 둘째손가락을 샤프트 옆에 대서 잡는, 어딘지 모르게 특별한 방법을 고집한다. 이것은 처음부터 그렇게 배웠다면 습관에 불과하지 아무 뜻도 없는 것이다. 그렇지 않아도 퍼팅은 여러 모로 신경쓸 일이 많은데 그립 하나만이라도 신경을 쓰지 말아야 한다. 그래서 마음의 부담을 덜어주자. 이것은 사소한 일 같지만 사람에 따라서는 여간 부담스러운 것이 아니다.

흔히 다른 타구는 다 좋은데 퍼터만은 신통치 않다고 탄식하는 사람을 많이 보는데, 이런 사람일수록 그립을 한 가지로 통일해 볼 만하다. 그립을 잡는 방법이 다르면 퍼터를 잡을 때마다 공연히 신경을 쓰게 된다. 그러다 보면 정신 집중이 되지 않아 짧은 거리도 들어가지 않고 웬만한 거리는 3퍼팅이다.

퍼팅은 다른 타구와는 달라 공을 굴려서 홀컵 속에 넣는 작업(동작)이기 때문에 기분만 바꾸면 되는 것이지 그립까지 바꿀 필요는 없다. 되도록 모든 것은 한 가지로 통일해야 단순한 골프가 되고 정신 집중도 가능해진다. 아무리 퍼팅에 폼이 따로 없다지만 기본이 있는 곳에 개성도 있는 것이다.

인생을 즐기는 기분으로 골프를

천(1,000)의 얼굴을 가진 사나이로 대표되는 변화무쌍한 숫자인 1,000…… 또 헤아릴 수 없을 정도로 많은 수를 나타내는 영어식 표현인 1,000의 복수형 Thousands.

평범한 보통 사람이 태어나서 수를 다할 때까지 과연 몇 번이나 골프장을 찾게 되는 것일까. 주말이면 어김없이 골프장을 드나드는 단골 손님도 20년이 걸려야 비로소 1,000번의 라운딩은 가능하다.

골퍼가 100(스코어)을 깨는 것이 최초의 소원이라면, 100의 10배수인 1,000번의 라운딩은 평생의 소망일 것이다. 골프 라운드 1,000번……. 여기에는 첫째 건강이 있고, 둘째 다정한 벗이 있고, 세째 어느 정도의 능력도 있어야 가능한 숫자이다. 어쨌든 골퍼에겐 100

과 1,000은 최선을 다해 얻어지는 자랑스러운 숫자다.

인생을 즐겁게 살아야 한다는 교훈 중에 일노일노(一怒一老) 일소일소(一笑一少)라는 말이 있다. 1,000번의 라운딩 중에 한번씩만이라도 즐거움을 찾을 수 있다면, 골프 인생의 수명은 10년 이상 연장될 것이다.

모든 스포츠 중에서 골프만큼 자신과의 싸움이 격렬한 스포츠도 없다. 뿐만 아니라 시시각각으로 찾아오는 부정에의 유혹을 뿌리쳐서 모든 문제를 공정하게 처리해야 하는 막중한 책임도 뒤따른다. 우리 모두 고독 속에서 즐거움을 찾는 1,000번의 라운딩을 자랑할 수 있는 주인공이 돼야 할 것이다.

어드레스
Address

구질 따라 타구 목표선을 다르게

그립과 스탠스, 공의 위치가 결정되면 드디어 공을 때릴 준비를 하게 된다. 이렇게 공을 치기 위한 자세를 잡는 것을 어드레스라고 한다. 스탠스와 어드레스……. 이 두 가지 동작은 서로 떼어놓고 생각할 수 없는 것이기 때문에 아주 자연스러워야 한다. 어드레스를 하고 나면 몸 어느 부분에도 무리한 데가 없어야 한다. 그래서 어드레스만 보고 골퍼의 핸디캡을 알아맞힐 수 있다고까지 한다.

그립과 어드레스만 정확하면 스윙의 기본은 다져진 셈이다. 그 다음은 공을 때리는 일만 남는다. 공을 때릴 때 공을 보낼 곳은 목표 지점이다. 목표를 향해 자세를 잡기 때문에 사람마다 습관이나 버릇이 있게 마련이다. 슬라이스가 나는 사람이 페어웨이 중앙을 겨냥하면 공은 오른쪽 러프로 날아가게 될 것이고, 훅의 구질을 가진 사람은 이와 반대의 현상이 일어나게 된다. 남이 페어웨이 한복판을 목표로 삼는다고 자신의 구질이 슬라이스성 구질인데도 코스 복판을 목표로 삼는다면 공은 러프 속으로 들어가고 만다.

구태여 구질을 따진다면 직선 타구처럼 좋은 것은 없다. 그러나 골프는 결과를 놓고 평가되는 게임이기 때문에 반드시 직구만 쳐야 하는 것은 물론 아니다. 자기의 구질에 맞춰 공을 목표 지점으로 보낼 수만 있으면 그것이 나이스샷이다(다만 직선 타구라야 비교적 미스샷이 덜 난다는 이점은 있지만……). 그렇기 때문에 어드레스는 자신의 구질에 맞춰 자세를 잡는 것이 자기 자신에게는 가장 이상적이고 실질적인 자세이다.

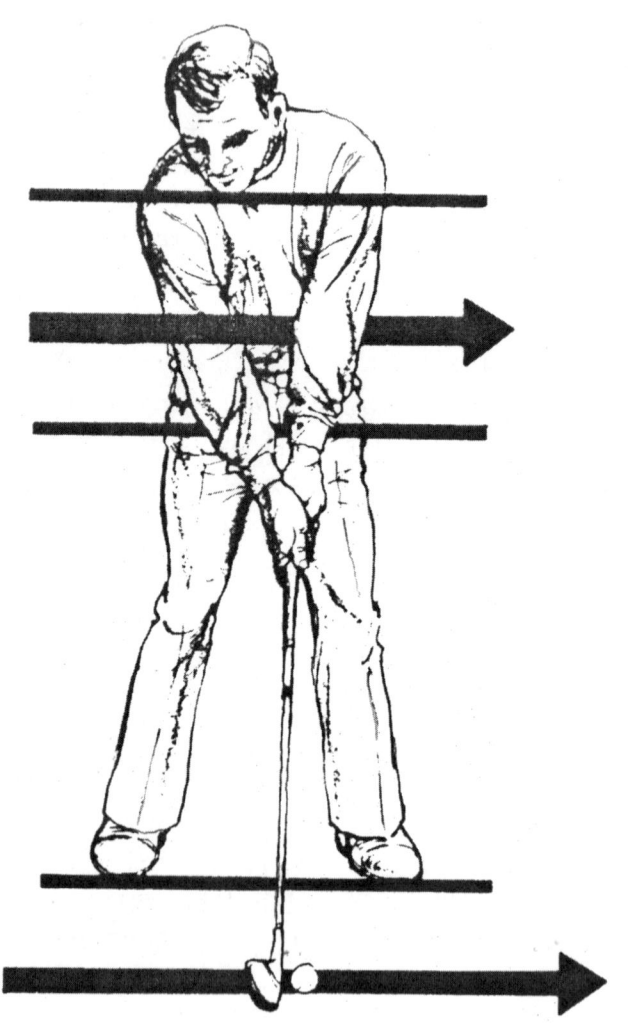

스탠스, 허리, 어깨 모두 평행되게

스윙이 완성되면 골프는 거리 조절만 남게 된다. 그런데 초보자가 스퀘어(직각)의 원리만 이해해도 스윙의 80%는 터득한 셈이 된다. 흔히 긴 거리의 타구는 클로즈드 스탠스가 좋고 짧은 거리에서는 오픈 스탠스가 적합하다는 이론을 내세운다. 그러나 숏어프로치샷 때 억지로 오픈 스탠스를 취할 필요는 없다. 아마추어 골퍼의 모든 것은 스퀘어가 이상적이라고 했다.

스탠스는 물론 무릎도 허리도 두 어깨의 연결선까지도 목표선과 직각을 이루면서 평행이 되는 그런 자세를 말한다. 이때 체중은 좌우 양 발에 균등하게 놓지만 숏게임이라고 해서 의식적으로 왼발에 체중을 실을 필요는 없다. 일반 타구의 어드레스 자세에서 오른발을 왼발 쪽으로 옮기면 스탠스가 좁아지고 몸의 중심도 점점 왼발 쪽으로 옮겨가게 된다. 드라이버샷이 넓은 스탠스에 비하면 체중을 양 발에 균등하게 놓더라도 실제로는 왼발에 많이 걸린 것 같은 느낌이 들게 된다.

그런데 새삼스럽게 왼발에 체중을 놓게 되면 균형을 이룬 어드레스 자세가 되기 힘들다. 숏게임 때 바뀌는 것은 클럽을 짧게 잡는 것과 공과 몸과의 거리가 가까워지는 것뿐이다. 몸이 공에서 지나치게 멀리 떨어지면 팔과 몸이 한 덩어리가 되어 이뤄지는 자연스러운 스윙을 할 수 없게 된다. 스윙은 두 팔을 자유롭게 쓸 수 있어야 하지만, 팔의 활동이 부자유스럽지 않은 범위 안에서 공과의 거리를 정하는 것이 좋은 자세이다.

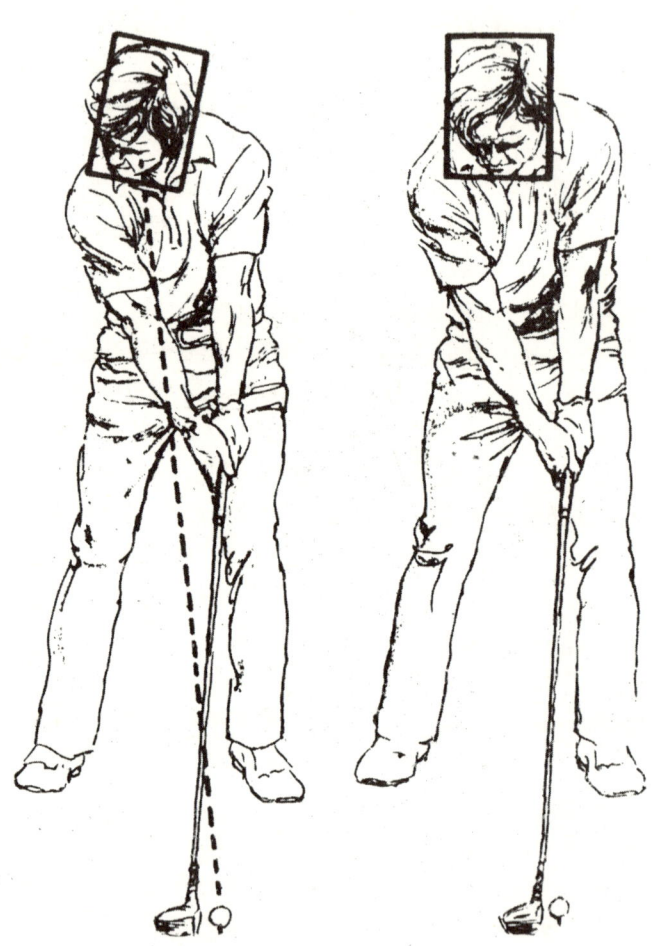

어드레스 때 턱이 들려야 이상적

백스윙은 어깨를 돌리기 위한 동작이다. 어깨가 완전히(90도) 돌아가지 않으면 공은 멀리 날아가지 않는다. 어깨, 허리, 무릎 이 조화 있게 움직일 때 백스윙은 완성된다. 어깨를 돌리기 위 해서는 허리가, 허리를 돌리기 위해서는 무릎이 들어가지 않으 면 안 된다. 그런데 어깨를 충분히 돌리기 위해서는 어드레스 때 머리를 숙여서는 안 된다. 코 끝이 공 쪽으로 향할 정도로 턱 을 약간 드는 것이 이상적이다. 그러면 턱 밑에는 적당한 공간 이 생기게 된다. 이것은 어깨가 쉽게 돌아갈 뿐만 아니라 백스 윙 때 왼쪽 어깨가 턱 밑으로 들어가 왼쪽 겨드랑이가 떨어지지 않는 이중 효과도 얻게 된다. 어드레스 때 머리를 떨구고 턱을 파묻으면 어깨는 돌아가지 않는다.

어드레스 때 턱을 적당히 들고 나서 백스윙 직전에 턱을 약간 오른쪽으로 돌리는 것도 어깨가 충분히 돌아가게 하는 보조 동 작이다. 이것(Chin-Back)은 잭 니클로스의 특허처럼 알려진 백 스윙 때의 동작이지만, 이렇게 하면 몸이 딱딱한 사람도 비교적 쉽게 어깨가 잘 돌아간다. 또 이렇게 백스윙을 하면 왼쪽 어깨 가 턱 밑으로 들어오게 되고, 이때가 백스윙이 끝나는 정점(Top of Swing)이 되는 것이다.

그러면 어깨는 목표선과 직각을 이루게 되어 등은 완전히 목 표와 마주 보게 된다. 턱 밑에 왼쪽 어깨가 들어가도 턱을 오른 쪽으로 돌리지 않으면 어깨는 돌아가기 힘들다. 그것은 턱이 어 깨의 회전을 방해하는 요인으로 작용하기 때문이다.

어드레스 자세에선 먼 곳을 보라

거리가 나지 않는다고 힘을 넣어 휘두르면 몸이 앞으로 숙여지면서 어드레스 자세가 낮아지기 때문에 거리는 점점 짧아지게 되고, 이것이 원인이 되어 갖가지 미스샷이 나오게 된다. 그렇기 때문에 별안간 거리가 짧아지는 모든 악의 근원은 어드레스에 있는지도 모른다. 낮아진 어드레스 자세를 원상으로 복귀시키기 위해서는 몸을 일으켜 세우면 된다.

이런 것을 모르는 사람은 한 사람도 없겠지만 그 방법을 모르는 사람은 많을 것이다. 몸을 세우기 위해서는 어드레스 자세에서 먼 곳을 바라보면 된다. 오랫동안 깨알 같은 글을 들여다보면 눈이 피곤해지고 어깨가 뻐근해진다. 이때 얼굴을 들어서 기지개를 켜거나 몸을 일으켜서 먼 곳을 바라보면 온 몸이 시원해진다. 이것을 어드레스 때 활용해 보자는 것이다. 그립을 가볍게 잡고 클럽 헤드를 약간 들어서 목표 방향(왼쪽)의 높은 하늘을 쳐다본다. 그러면서 허리를 약간 펴면 완전해진다.

이 자세에서 클럽 헤드를 공 뒤에 갖다 대면 아주 자연스러운 이상적인 어드레스 자세가 되는 것이다. 이것이 어드레스의 기본 자세다. 이런 동작을 공을 때릴 때마다 되풀이하면 어느덧 몸을 낮게 숙이는 버릇은 없어지고 만다. 오히려 이런 동작이 버릇이 될 정도가 되면 얼마나 좋겠는가 말이다. 멀리 높은 쪽을 바라보면 자연히 허리가 펴지는 신체 구조의 이치를 콜럼버스의 달걀처럼 주저 없이 받아들일 일이다.

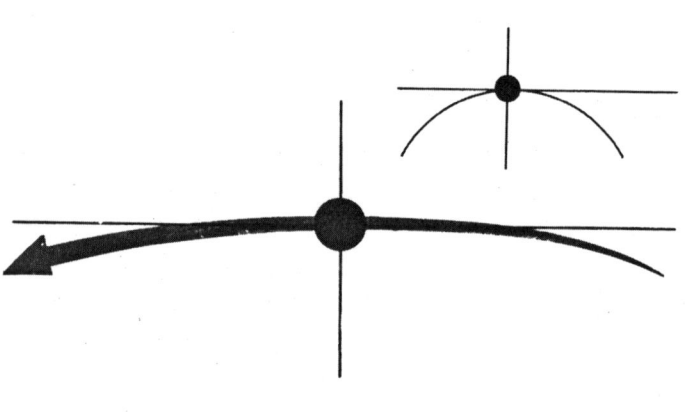

클럽 페이스와 목표선은 직각 이뤄야

어쩌다 맞은 1백만불짜리 타구는 누구나 경험하게 되지만 이것을 지속시키는 방법은 누구도 알지 못한다. 스윙은 클럽 헤드가 일정한 궤도를 따라 움직이게 하는 데 역점을 둬야 한다. 이때 필요한 것이 좌반신의 역할이다. 즉 좌반신의 동작 여하에 따라 스윙이 결정된다고도 말할 수 있다. 그래서 좌반신을 바로 쓰게 하기 위해서는 어드레스 때 미리 만들어 놓아야 한다.

이때 기준이 되는 것이 왼팔에서 클럽 헤드까지의 거리다. 이것은 스윙 때 원의 반지름을 일정하게 만드는 결정적인 부분이다. 어드레스 때 왼손과 왼팔의 등 그리고 클럽 페이스가 한 묶음이 돼서 똑같이 목표 쪽을 바라보고 있어야 하며 목표선과 직각을 이뤄야 한다. 이것은 마치 퍼팅 때 퍼터 페이스와 왼손의 등이 같은 방향을 보는 것과 같은 것이다. 이것이 어드레스 자세의 형식상의 역할이다. 아주 간단한 원리다. 클럽 페이스가 목표를 정확하게 보는 어드레스, 어떻게 보면 어리석을 정도로 단순한 동작에 불과하지만 사실은 어려운 것이다.

또 한 가지 알아야 할 것은, 목표선은 분명히 직선인데 클럽 헤드는 원운동을 하게 된다. 이처럼 서로 다른 두 운동(직선과 원)이 어느 한 점에서 만나게 되는데 이것이 임팩트다. 이때 직각으로 만나면 공은 바로 나가고 그렇지 않으면 빗겨 맞아서 결과적으로는 슬라이스나 훅이 나게 되는 것이다. 그렇기 때문에 클럽 페이스가 목표선과 직각이 되는 것은 엄밀히 따지면 한순간에 불과하다. 이 순간을 스윙을 대표하게 하는 일, 이것이 스윙의 생명인 것이다.

클럽 헤드의 앞부분은 약간 들리게

스윙의 기본은 직각(Square)의 원리에 근거를 두고 있다. 그러면서도 그것은 자연스러워야 한다는 전제 조건이 꼬리표처럼 따라다닌다. 그립과 스탠스가 결정되면 그립을 잡은 두 손을 어느 정도의 높이로 놓느냐 하는 것도 중요한 문제로 등장한다.

두 손을 눌러서 낮게 놓을 수도 있고 손목이 올라갈 정도로 높게 놓을 수도 있다. 그렇지만 두 가지 다 잘못된 어드레스 자세다. 이런 잘못은 클럽의 기능을 이해하지 못하거나 아니면 기능 자체를 무시하기 때문에 일어난다. 이것을 방지하기 위해서는 클럽 헤드의 밑바닥(Sole)이 어떻게 지면과 접해 있는가를 확인할 필요가 있다.

물론 클럽 헤드의 앞끝(Toe)이 지나치게 떠 있으면 그립을 잡은 두 손은 낮아지게 된다. 그러면 손목이 많이 꺾여서 상체가 앞으로 숙여져 몸의 균형을 잃게 된다. 그렇다고 반대로 클럽 헤드의 앞끝이 지면에 딱 달라붙어도 좋은 것은 아니다. 이번에는 손목이 위로 꺾여서 팔에 힘이 들어가 부드러운 스윙을 할 수 없게 된다. 그러면 백스윙 때 클럽 헤드가 목표선 밖으로 올라가서 공은 꺾여 맞아 슬라이스가 난다.

그렇기 때문에 가장 이상적인 손(그립)의 높이는 클럽 헤드의 앞끝이 약간 들려서 클럽 헤드의 앞끝과 밑바닥 사이에 틈이 생기도록 하는 것이다. 이렇게 해서 어드레스 때 그립을 잡은 두 손의 높이가 자연스럽게 결정되고, 그래야 두 팔을 자유롭게 쓸 수 있어 공은 보다 멀리 날아가게 될 것이다.

어드레스 때 미리 임팩트 자세를

골프 기술이 좋고 나쁜 것은 결과(스코어)를 보면 알 수 있지만, 공을 쳐보지 않아도 그립과 어드레스만 보면 충분히 그 실력을 점칠 수가 있다. 프로 골퍼와 아마추어 골퍼의 차이점도 바로 여기에 있는 것이다.

땅 위에 놓여진 공을 향해 다가서서 클럽 헤드를 공 뒤에 놓고 스탠스를 잡는다. 이것만으로 그 사람이 한 자리 숫자(9에서 0까지)의 핸디캡을 가진 정상급 골퍼인지 아니면 초보자인지를 대충 알 수 있다는 말이다. 빈틈 없이 어드레스 자세를 잡고 있는 사람은 스윙이 시작되면서 몸이 움직여도 흔들림이 없이 안정된 자세를 그대로 유지한다.

그러나 어드레스 자세가 엉성하고 균형이 잡히지 않은 상태에서는 백스윙이 시작되자마자 흔들리고 제멋대로 움직이게 된다. 그렇다면 완전한 어드레스 자세란 어떤 것인가. 결론부터 말하면 타구의 성패를 결정짓는 정확한 임팩트 자세를 처음부터 만들어 놓는 것을 말한다.

고정된 중심축(스윙축) 주위를 클럽 헤드가 큰 원을 그리며 스윙의 정점(Top of Swing)에 이르면 강한 힘과 빠른 속도로 내려오면서 공을 맞힌다. 이것(Impact)은 억지로 만들어지는 것이 아니고 원리에 맞는 회전 운동을 통해 필연적으로 얻어지는 결과의 소산이다. 그래서 스윙의 목적인 임팩트 자세를 미리 어드레스 때 만들어 놓는 것이 가장 간결하고 바른 스윙을 할 수 있는 기초가 되는 것이다. 클럽 페이스가 목표선과 직각이 되고 최대의 스피드로 공을 맞힐 수 있는 태세를 만들어내는 어드레스야말로 '보다 멀리, 보다 정확하게' 공을 보낼 수 있는 비결인 것이다.

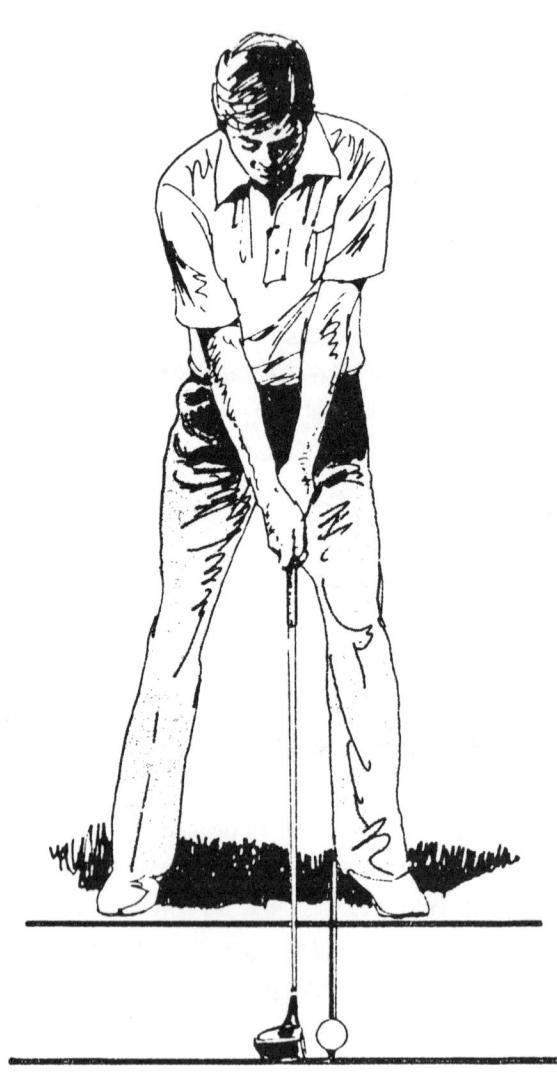

클럽 페이스 밑선과 목표선 직각 이뤄야

어드레스 때 턱(머리)을 들면 등이 펴져서 어깨에 힘이 들어가지 않는다. 이런 어드레스 자세가 기본이기는 하지만, 더욱더 중요한 것은 그립을 잡은 두 손의 위치다. 이 위치에 따라 클럽 페이스의 방향은 결정된다.

일반적으로 그립 끝이 왼쪽 넓적다리 안쪽에 와야 한다고 하지만 이것은 잘못된 이론이다. 그립 끝이 그 자리에 오는 것은 결과이지 기준은 아니다. 어디까지나 기준이 되는 것은 ① 왼발 뒤꿈치 앞에 공을 놓고, ② 클럽 밑바닥(Sole)이 땅과 밀착되고, ③ 클럽 페이스의 밑선(Leading Edge)이 목표선과 직각이 되게 하는 3가지가 절대적인 기준이다. 그러면 결과적으로 그립 끝이 왼쪽 넓적다리 안쪽으로 오게 된다. 이런 상태에서는 그립을 잡은 두 손은 클럽 헤드보다 약간 앞(왼쪽)에 놓이게 된다. 클럽의 로프트를 그대로 살리면서 클럽 페이스가 목표선과 직각이 되게 놓이면 저절로 그렇게 될 뿐이다. 즉 클럽의 모양이 두 손의 위치를 결정지어 준다는 말이다.

그러나 그립을 잡은 두 손을 몸 가운데(배꼽) 놓으면 클럽 페이스가 목표선 안쪽으로 엎어진다. 그렇다고 해서 손(그립)을 지나치게 왼쪽으로 보내면 이번에는 클럽 페이스가 목표선 오른쪽으로 열리게 된다. 손을 몸 가운데 놓은 채 클럽 페이스의 방향이 목표선과 직각이 되게 하면 (억지로) 로프트는 필요 이상으로 커지고 손이 왼쪽으로 치우칠수록 로프트는 죽게 된다.

정상적인 타법은 클럽의 로프트를 그대로 살리는 것이 이상형이고 표준 타법이다.

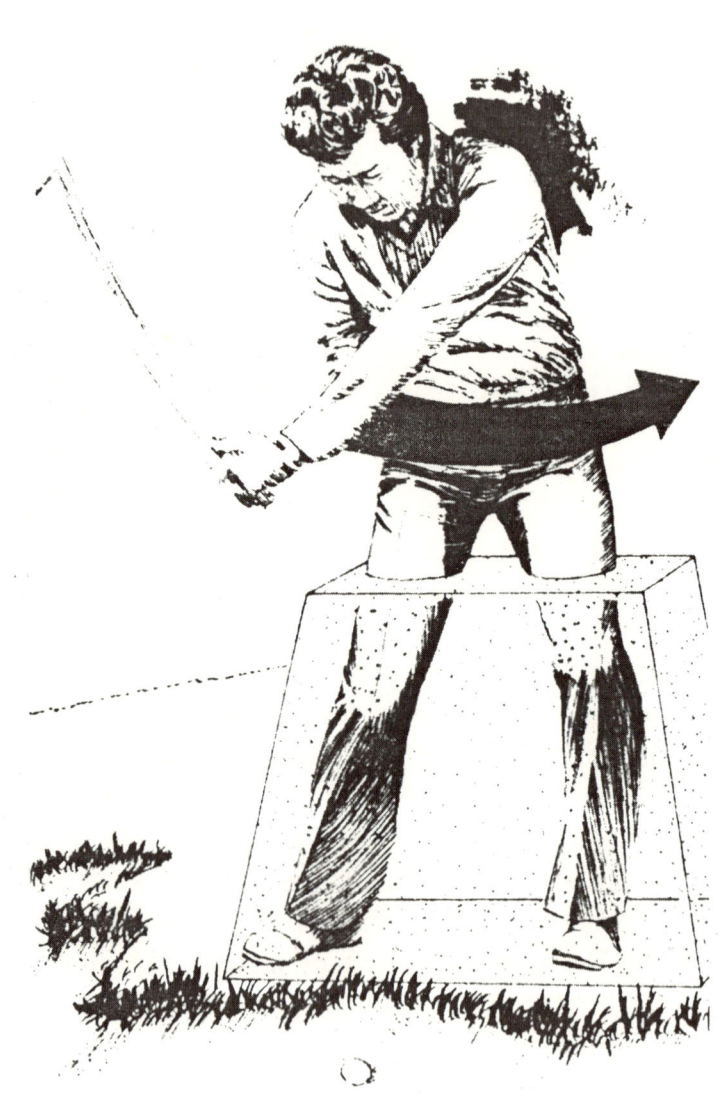

스탠스가 불안할 땐 '팔'스윙을

넓은 들판(골프 코스)에서 행해지는 골프에는 행운 불운이 뒤따르게 마련이지만, 공이 벙커 안쪽 가장자리에 있으면 벙커 밖에 스탠스를 잡아야 하는 어려운 상황에 처하게 된다. 때로는 어느 한쪽 발만 벙커 속에 놓아야 하는 경우도 있다. 이런 때 경험이 적은 사람은 속수무책이고 눈을 감고 때리는 그야말로 운에 맡기는 맹목적인 타구가 고작이다.

그렇다고 낙담하거나 걱정할 것까지는 없다. 골프란 어떤 상황에서도 클럽을 휘두를 수 있는 공간만 있으면 타구마다 나이스샷의 가능성은 언제나 있기 때문이다. 스윙은 하체의 안정을 강조한다. 스탠스와 공의 높낮이가 다르면 스탠스가 불안해지고 스탠스가 벙커 밖에 있으면 허리를 많이 굽혀야 하기 때문에 하체는 더욱더 불안정해진다.

정상적인 어드레스는 두 무릎을 안으로 약간 조이는 것이 정석이지만, 이런 상황에서는 오히려 무릎을 밖으로 벌려서 불안한 하반신을 보완해 줘야 한다. 공의 위치가 낮기 때문에 클럽을 길게 잡아서 조금이라도 스윙이 편하도록 하는 것도, 체중을 발 뒤꿈치에 놓는 것도 알아둬야 할 요령이다. 이렇게 그립, 스탠스가 안정을 찾아야 나이스샷이 보장되고 어려움 속에서 탈출하는 요령도 배우게 된다. 자세가 불안정하면 몸의 균형이 무너지지 않도록 하는 것도 중요하지만, 스윙도 하반신이 흔들리지 않도록 팔에만 의존하는 스윙을 살려야 한다.

평소 힘 자랑을 일삼은 골퍼들은 이때야말로 실력(?)을 발휘할 수 있는 기회인 것이다.

스코어는 능력에 따라 기록돼야

골프가 다른 스포츠와 근본적으로 다른 것은 경기를 주관하고 감독하는 심판이 없다는 점이다. 오직 경기를 운영하고 심판하는 것은 플레이어 자신뿐이어서 그야말로 자율적으로 통제되는 경기가 골프이다. 또 이 점이 바로 골프를 신사의 게임이라고 강조하는 이유가 된다.

그러나 심판이 없다고 (남이 보지 않는다고) 규칙을 어기고 나 자신까지 속인다면, 이런 사람은 처음부터 골프채를 잡지 말아야 할 것이다. 아무도 보지 않는 깊은 숲이나 러프에 들어간 공을 정상적인 타구가 아닌 방법으로 움직인다면 공은 좋은 자리로 옮겨질 수 있지만(라이의 개선), 이 부정 행위 때문에 일어나는 양심의 가책을 무엇으로 상쇄할 수 있단 말인가…… 차라리 어려운 상황 속의 공을 능력껏 처리해서 곤경에서 벗어나는 묘미를 만끽하는 것이 훨씬 값진 것이리라.

일반적으로 플레이어의 자진 신고(?)만으로 기록되기 쉬운 아마추어 골퍼의 스코어에 영향을 주게 되는 이 부정 행위는 원천봉쇄돼야 하는 것이 지극히 당연한 일이다. 공식 경기에서는 마커(Marker)가 상대방 스코어를 확인하기 때문에 큰 착오가 일어나지 않지만, 프로 경기에서조차 스코어가 잘못 기록되는 중대한 과오가 가끔 일어나는 것을 본다.

골프 규칙상 기량 부족으로 연유되는 벌점은 가볍지만(1벌점), 마음이나 행실이 나쁘면 중벌(2벌점) 아니면 가중 처벌(실격 제명)까지도 서슴지 않는다. 아마추어 골퍼는 빠른 골프, 즐거운 골프를 하는 것이 생명이라고 했다. 겉으로는 스코어에 대한 관심이 없는 것처럼 대범한 척하면서도 실제의 속사정은 다르다. 스코어란 원래 실력에 의해서만 기록돼야 하는데, 스코어에 대한 지나친 관심과 열의가 심지어 스코어를 속이는 지경에 이른다. 이런 사람은 연필과 스코어 카드만 있으면 자신의 스코어를 마음대로 조작할 수 있다고 해서 '펜슬 앤드 카드맨'(Pencil and Card Man)이라고 부른다.

골프 자체가 신사의 게임이듯 스코어는 신성(?)한 것이어야 한다. 능력에 따라 사실대로 스코어가 기록되는 풍토는 초보자 시절부터 배우고 실행돼야 할 것이다.

백 스 윙
Backswing

어드레스 때 클럽 헤드는 직선으로

시작이 좋아야 끝이 좋다는 말처럼, 골프에서도 스윙의 초기 단계인 테이크백(Take-Back)에 따라 스윙 전체의 성패가 결정된다. 클럽은 올라간 길을 따라 내려온다는 속성 때문이기도 하지만 백스윙의 중요성뿐만 아니라 어려움을 내포한 말이기도 하다.

"부자가 천국에 가기는 낙타가 바늘 구멍에 들어가는 것보다도 어렵다"고 성서는 가르친다. 스윙이 골프의 전부라고 했지만 그 중에서도 백스윙의 중요성을 강조한 말은 한두 개가 아니다. 테이크백은 마치 바늘 구멍에 실을 꿰듯 천천히 신중하게 클럽을 끌어올리라고 했다. 이것은 클럽 헤드를 바늘 구멍으로, 공이 날아가는 목표선을 실로 비유한 적절한 표현이다.

아무리 성미가 급한 사람도 바늘 구멍에 실을 꿸 때는 정신을 집중하게 된다. 테이크백 때도 이와 같은 정신 집중과 긴장감을 가져야 한다는 교훈이다. 그러면 클럽 헤드를 목표선에 맞춰 천천히 똑바로 끌어올릴 수가 있기 때문이다. 클럽 헤드라도 바늘 구멍에 목표선이라는 실을 꿰지 못하면 그 스윙은 잘못된 스윙이 될 수밖에 없다.

스윙에서 테이크백을 바로 하지 못하면 톱 오브 스윙도 다운 스윙도 임팩트까지도 바로 되지 않는다. 그렇기 때문에 백스윙을 시작하면 어드레스 때 공 뒤에 자리잡은 클럽 헤드를 오른발 앞까지는 직선으로 끌어야 하는 것이다. 물론 감각적인 표현에 지나지 않지만 '바늘 구멍과 실'은 정신 집중을 통해 클럽을 제 궤도로 진입시키는 스윙을 할 수 있게 하는 요령이다.

빠른 백스윙이 미스샷 만든다

백스윙은 느릴수록 좋다고 했다. 백스윙을 천천히 하라는 말은 클럽을 성급하게 들어올려서는 안 된다는 말이다. 초보자는 물론 중견 골퍼가 미스샷을 할 때마다 지적받는 것은 백스윙이 빠르다는 것이다.

백스윙이 느려야 좋다고는 해도 한없이 느려도 좋다는 것은 아니다. 물체가 움직일 때 속도감이 없으면 힘이 전달되지 않는 것이 운동 법칙이다. 조심스럽게 클럽을 들어올리는 것까지는 나무랄 수 없지만, 마치 비디오 테이프의 슬로 모션처럼 움직인다면 원심력에 의한 집결된 힘(결과적으로는 거리)을 기대할 수는 없다. 스윙을 느리게 하라는 것은 여유 있게 하라는 말이고 서두르지 말라는 교훈이다. 천천히 들어올린 클럽은 오른쪽 허리에서 다시 오른쪽 어깨에 도달하면 드디어 백스윙의 끝점(Top of Swing)에 이르게 된다. 이때 클럽의 속도는 점점 빨라지기 시작한다.

클럽 헤드는 백스윙이 끝나도 계속 오른쪽으로 돌아가려는 관성이 있다. 클럽 헤드가 톱 오브 스윙에 이르면 플레이어의 의식은 백스윙이 끝났다고 판단하기 때문에 클럽을 끌어내리려는 동작으로 들어가게 된다. 즉 백스윙의 종점에 도달한 것을 알리고 다운스윙을 명령하게 된다. 톱 오브 스윙은 백스윙의 끝점인 동시에 다운스윙의 시발점인 것이다. 이 교차점은 계속해서 밖으로 빠지려는 힘과 내려끌려는 힘이 순간적으로 공전하는 지점이다. 이때 클럽 헤드의 스피드는 백스윙에 해당하는 쪽이 빠르고 다운스윙 쪽이 느리다고 느낄 때, 비로소 그 스윙은 타이밍이 맞아 떨어지는 스윙이 되는 것이다.

90도 이상 어깨 돌려야 큰 스윙 나온다

스윙은 작은 것보다는 커야 좋다. 그렇지만 초보자 시절에는 아무리 스윙을 크게 하려 해도 크게 할 수가 없다. 스윙이 크다는 것은 스윙 아크(Swing Arc)가 크다는 뜻이다. 스윙 아크가 커지면 당연히 클럽 헤드는 공에서 멀어진다. 공을 맞히는 것은 클럽 헤드이기 때문에 이것이 공에서 멀어질수록 불안해지는 것은 사실이다. 그래서 처음부터 스윙을 크게 할 수 없는 원인이 싹트게 된다. 공을 멀리 보내기 위해서는 (자기 능력껏) 스윙 아크가 크지 않으면 안 된다. 그렇지만 여기에도 함정은 있다.

스윙 아크를 크게 해야겠다고 생각하면 왜 그런지 두 팔을 쭉 펴서 오른쪽 팔꿈치가 하늘을 보게 된다. 이렇게 하면 그것이 곧 스윙을 크게 한다고 착각하고 있는 것이다. 스윙을 크게 한다는 것은 어깨를 충분히 돌린다는 것이고 완전히 몸을 꼬아야 한다는 말이다. 백스윙이 끝났을 때 잔등이 왼쪽 어깨 너머로 거울 속에 비춰져야 한다고 하지 않았던가…….

이렇게 90도 이상 어깨가 돌아가야 다운스윙 때 원심력에 의해서 스윙 아크가 커지게 된다. 이와 같이 원심력을 최대로 살려서 스윙 아크를 크게 하지 않으면 아무리 스윙을 바로 할 줄 알아도 결코 스윙은 커지지 않는다. 흔히 공을 맞히는 순간(임팩트) 두 팔을 뻗으려고 하지만, 이것은 뻗는 것이 아니라 두 팔은 원심력 때문에 뻗어지는 것이다. 이 감각의 차이를 느낄 수 있을 때 비로소 스윙은 커지고 바르게 할 수 있게 된다.

클럽 헤드가 정점에 이를 때 여유를

백스윙 때 클럽 헤드가 정점(Top of Swing)에 이르면 일단 포즈를 취하라고 한다. 여기서 말하는 포즈(Pause)란 자세를 바로 잡으라는 것이 아니라 시간적 여유를 가지라는 말이다. 톱 오브 스윙은 백스윙의 끝점인 동시에 다운스윙의 시발점이다. 백스윙이 떠나가는 길이라면 다운스윙은 돌아오는 길이다. 그런데 이 갈림길에서의 동작을 제대로 하지 못하면 공을 바로 맞히지 못한다.

톱 오브 스윙에서 다운스윙으로 바뀌는 동작은 마치 자동차의 핸들을 꺾을 때와 같은 요령이어야 한다. 우회전하던 차를 갑자기 왼쪽으로 방향을 바꿀 수는 없다. 일단 기어를 바꿔 넣고 나서 차를 바로 세운 다음 핸들을 왼쪽으로 틀어야 한다(순간적인 동작이지만). 이와 같이 우회전하고 있던 백스윙에서 별안간 좌회전의 다운스윙을 하면 몸에 무리가 따른다. 이때 필요한 것이 백스윙의 끝점에서 잠깐 쉬는 일(Pause)이다.

스윙에서는 무엇보다도 타이밍이 제일이라고 했다. 이 타이밍을 잡기 위해서도 톱 오브 스윙 때 약간 쉬는 느낌을 갖는 것이 좋다. 백스윙이 끝나자마자 별안간 클럽을 끌어내리는 것은(다운스윙) 초보자나 하는 짓이고 이것이 스윙을 망치는 가장 큰 원인이 된다. 그렇지만 초보자 같은 중견 골퍼가 얼마나 많은지 모른다. 일반적으로 이런 사람들은 스윙이 빠른 편이다. 빠르면서도 타이밍을 맞추지 못하는 것은 백스윙이 완전히 끝나기도 전에 다운스윙이 시작되기 때문이다. 클럽 헤드가 백스윙의 정점에 이르렀을 때 한 템포 쉬면 서둘러치는 일은 결코 없을 것이다.

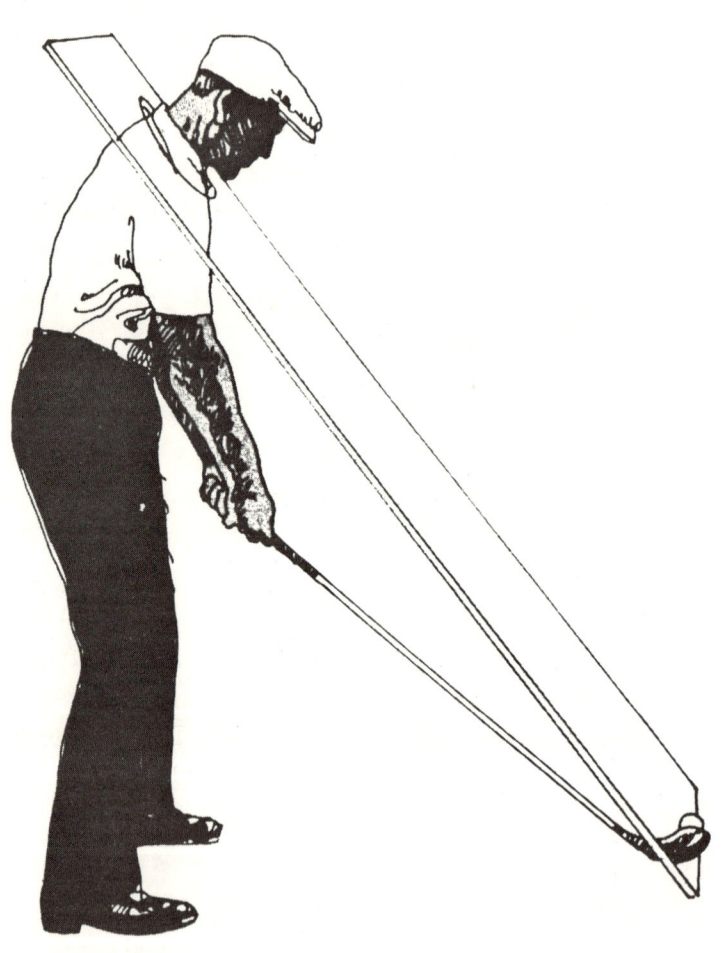

유리판 스윙 평면을 상상하라

골프 스윙은 쉬운 것 같으면서도 어렵다. 그 중에서도 백스윙은 클럽 헤드가 눈에서 멀어질수록 어려워진다. 그렇기 때문에 백스윙의 끝점(Top of Swing)에서는 자기 자신이 클럽 헤드의 위치나 방향을 확인할 수 없어서 어려움은 극에 달한다. 스윙은 클럽 헤드가 움직이는 길(Swing Path)에 따라 좌우되지만 흔히 이것을 스윙 평면(Swing Plane)이라는 말로 설명한다.

한강에 배 지나간 자리 없다고, 클럽 헤드가 지나간 자리도 남지는 않는다. 다만 머리 속에 스윙 평면을 가상한 유리판을 상상하는 것만으로 설명은 충분하다. 가상의 유리판은 클럽 헤드가 조금이라도 궤도에서 벗어나면 그 자리에서 깨지고 만다. 유리판을 깨뜨리지 않게 하기 위해서는 어드레스에서부터 백스윙이 끝날 때까지 정해진 길을 따라 올라가야 하고 그래야 백스윙은 정확해진다.

이런 기능을 갖는 것이 가상의 유리판으로 설명되는 스윙 평면이라는 것이다. 백스윙 때 클럽 헤드는 이 유리판 안쪽을 따라 올라가야 하고, 만일 궤도에서 이탈한 백스윙은 유리판이 깨지고 만다. 상상 속의 유리판이 깨지면 스윙 그 자체가 흐트러진다는 발상이고, 이것은 스윙을 실감 있게 설명한 적극적인 예시다.

왼쪽어깨 처지거나 오른팔꿈치 들리지 않게

아무리 골프가 결과만을 따지는 스포츠라 해도 그 과정인 스윙을 무시할 수는 없다. 특히 백스윙의 끝점(Top of Swing)을 보면 그 사람의 실력을 충분히 가려낼 수가 있다. 톱 오브 스윙의 자세에는 플레이어의 실력이 그대로 나타나기 때문이다.

골프가 서투른 사람의 유형은 백스윙 때 왼쪽 어깨가 아래로 떨어지는 타입이다. 그러면 어깨가 돌아갈 수 없게 된다. 이것은 어깨의 회전 운동에 브레이크를 거는 결과가 된다. 백스윙 때 왼쪽 어깨가 밑으로 떨어지는 것은 왼쪽 무릎이 공 오른쪽으로 들어가지 않고 공 왼쪽으로 빠져나가기 때문이다. 이렇게 무릎을 잘못 쓰면 결과적으로 팔만 들어올리는 스윙이 되고 만다.

백스윙은 우선 어깨가 돌아가야 한다. 이를 위해 허리를 돌려주고 그러기 위해서 무릎을 넣어주는 것이다. 또 다른 유형은 백스윙 때 오른쪽 팔꿈치가 하늘로 올라가는 타입이다. 그립을 잡은 두 손이 몸에 붙어서 감기듯 올라가면 톱 오브 스윙에서는 오른쪽 팔꿈치가 공중에 뜨게 된다(Flying Elbow). 스윙은 회전 운동이지만 그립을 잡은 두 손이 몸에서 떨어질수록 스윙 아크도 커지고 스윙 궤도가 일정한 원을 그리게 된다. 백스윙의 정점에서 오른쪽 팔꿈치가 땅을 보고 있어야 스윙은 안정되는 것이다.

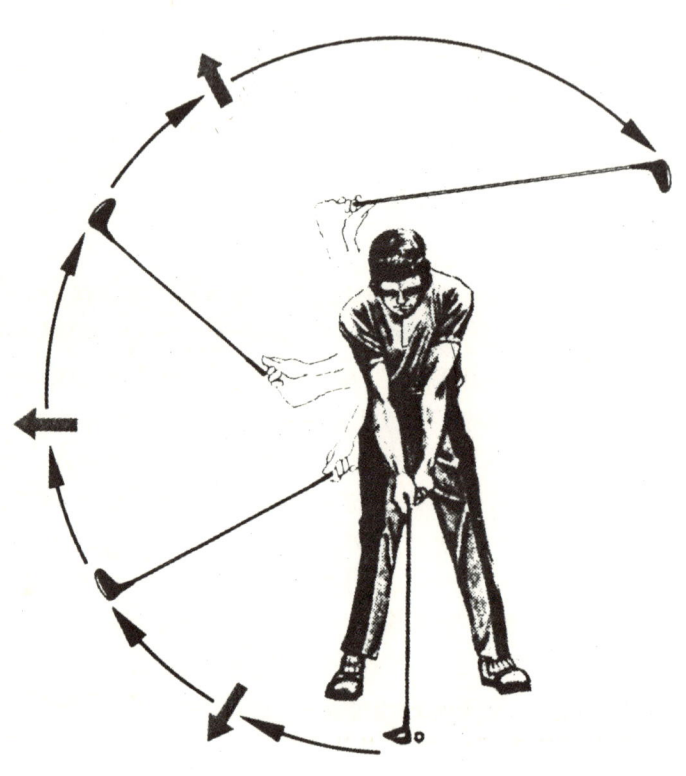

팔을 자유롭게 쓰는 법을 배워라

스윙의 원리는 단순한 것이지만 복잡하게 생각하면 생각할수록 확실한 플레이에서 멀어지고 결정적인 순간에 스윙은 무너지고 만다. 스윙은 팔을 자유롭게 쓰는 법을 배워야 한다. 스윙 때 겨드랑이가 완전히 떨어지면 스윙 궤도가 안정될 수 없는 것은, 실제로 클럽을 휘둘러 보지 않고 상식만으로도 충분히 알 수가 있다.

스윙이란 분명히 원운동이다. 같은 원이면서도 드라이버처럼 클럽이 길면 원이 커지고 클럽의 길이가 짧으면 원도 작아진다. 그러면서도 원(스윙 궤도)이 크고 작고간에 항상 일정한 원을 그릴 수 있어야 그 스윙은 안정되고 완벽해진다. 그렇기 때문에 겨드랑이는 붙이는 것이 좋다는 이유가 성립됨직도 하다.

그렇지만 골프 스윙은 몸의 한 부분만을 떼어내서 생각할 수는 없다. 일정한 원을 그리기 위해서 겨드랑이를 붙여야 한다면, 이번에는 몸을 자유롭게 쓸 수 없는 불편이 뒤따른다. 겨드랑이를 붙이고도 스윙을 크게 할 수 있고 스윙 궤도가 일정한 원을 그릴 수만 있으면 그 이상 좋은 것은 없겠지만, 한쪽 근육을 잘못 쓰면 다른 쪽 근육에도 영향을 미치는 것이 사람의 몸이다.

그렇기 때문에 어느 작은 부분에도 부자연스러운 느낌을 주지 않는 스윙을 해야 하고, 그러기 위해서는 되도록 몸이 자유롭게 움직일 수 있도록 내버려 두는 것이 좋다. 백스윙 때 겨드랑이를 붙인다고 팔꿈치까지 붙이면 원은 작아지고, 피니시에서는 클럽을 둘러메는 스윙이 되고 만다. 겨드랑이는 자유롭게 (필요에 따라) 붙었다 떨어졌다 해야 팔을 마음대로 쓸 수 있는 스윙이 된다.

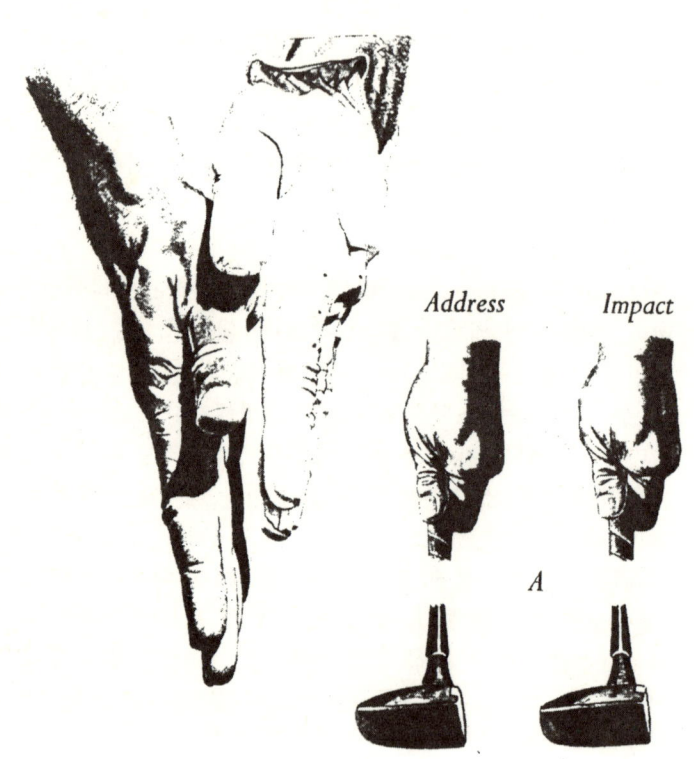

Address   *Impact*

A

백스윙 때 손목을 꺾지 마라

타구 거리가 길고 짧거나 탄도가 높고 낮은 차이는 있어도 골프 스윙은 하나밖에 없다. 그래야 골프가 쉬워진다. 14개의 클럽이 길이와 로프트의 특성에 따라 각기 다른 효과를 만들어낼 뿐이다. 그립과 스탠스도 따지고 보면 항상 같은 스윙을 하기 위한 기본에 불과하다.

언제나 무리 없는 스윙을 하기 위해서는 되도록 복잡한 동작을 피하고 단순한 운동 원리에 입각해서 클럽을 휘둘러야 한다. 이것을 가능케 하는 것이 원피스 스윙(Onepiece Swing)이다.

원피스 스윙이란 한 마디로 말해서 손과 신체 각 부분이 한 덩어리가 돼서 클럽을 휘두르는 스윙을 말한다. 스윙도 시대 변천에 따라 변한다. 손과 손목을 많이 비틀던 옛날 스윙은 완전 무결한 정확성이 요구되는 현대 골프의 특성에 밀려 자취를 감추고 말았다. 이처럼 시대적 요구에 따라 등장한 것이 소위 원피스 스윙이라는 것이다. 이 스윙의 기본은 되도록 어드레스 때의 클럽 페이스의 방향을 공을 맞힐 때(Impact)까지도 그대로 유지하는 데 장점이 있다. 이를 위해 가장 중요한 것은 손과 손목이다.

골프를 배우기 시작해서 가장 잘못 되기 쉬운 것이 코킹(Cocking)이다. 백스윙 때 클럽 페이스의 방향이 바뀌지 않고(손목을 꺾지 않고) 올라가야 내려올 때도 쉽게 내려와서 공을 직각(어드레스 때의 상태)으로 맞힐 수 있다. 이것은 아주 간단한 방법인 것 같으면서도 어느 정도의 숙련과 감각이 있어야 한다. 프로 골퍼처럼 고도의 기술은 필요 없어도 이것만은 꼭 지켜야 할 스윙의 기본임을 알아야 한다.

백스윙 땐 왼팔이 저절로 펴져야

 백스윙 때 왼팔은 펴져 있어야 한다고 강조한다. 물론 이것은 스윙이라는 원운동의 반지름을 일정하게 유지하기 위한 원리에서다. 그렇지만 왼팔은 의식적으로 펴는 것이 아니라 자연스럽게 펴져야 한다. 자연스럽게 늘어뜨렸을 때(어드레스) 펴졌던 왼팔이 백스윙이 시작되면 굽는 사람이 의외로 많다. 이것은 몸과 팔을 따로따로 움직이고 있기 때문이다. 어깨를 돌리지 않고 손만으로 백스윙을 하거나 다운스윙 때 몸으로 클럽을 끌어내리지 못하고 손만 쓰기 때문이다.

 백스윙 때 어깨와 팔을 동시에 돌리면 왼팔은 의식하지 않아도 적당히 펴져서 따라가게 되고, 다운스윙에서도 좌반신으로 스윙을 리드하면 왼팔은 자연스럽게 펴지게 된다. 그것을 손으로 들어올리거나 끌어내리면 팔꿈치가 굽게 되는 원인이 되는 것이다. 다운스윙을 좌반신으로 리드하면 클럽 헤드의 무게까지 가세해서 왼팔이 펴지게 된다.

 그런데 만일 톱 오브 스윙에서 공을 때리기 위해 몸보다 손이 먼저 내려오면 왼팔이 굽는 것은 당연하고, 공을 맞히는 순간 왼쪽 팔꿈치가 뒤로 빠지면서 공은 깎여 맞게 된다. 또 임팩트 때 왼쪽 팔꿈치가 뒤로 빠진다고 의식적으로 왼팔을 펴면, 이번에는 왼쪽 손목이 꺾이면서 역시 팔꿈치는 뒤로 빠지게 된다. 의식적으로 왼쪽 팔꿈치를 펴는 요령은 팔꿈치에 힘을 주면 되지만, 자연스럽게 늘어뜨린 팔을 그대로 어깨와 함께 오른쪽으로 돌리면 팔은 펴질 수밖에 없다.

대중화 시대 '예절'로 뿌리내려야

골프 연습장마다 성시를 이루는 거리 풍경은 그야말로 골프 대중화의 문턱에 들어선 것만 같다. 이처럼 골퍼가 급격히 늘어나서 골프장이 마치 장터의 식당이나 다방을 무색케 할 정도로 혼잡하다. 이럴수록 이용자(골퍼)의 공중도덕과 질서가 지켜지지 않으면 소음 속의 공해에 시달리게 된다. 혼잡한 도시를 떠나 새벽부터 왜 골프장으로 달려왔는지 모를 지경이다.

더욱이 몇 팀씩 어울리는 단체 경기가 있는 날이면 군중 심리까지 동원돼 큰 소리로 스코어와 돈내기에 관한 이야기꽃이 피게 마련이다. 식당과 욕실에서도 고함 소리는 수그러들지 않는다. 자신이 즐거운 것은 어쩔 수 없는 일이라 해도, 주위 사람에게까지 신경을 쓰게 한다면 골프를 하기에는 모자라도 한참 모자라는 사람들이다.

목소리가 높아야 이기는 것처럼 착각하는 사람도 골프장에 들어서면 먼저 자세와 목소리부터 낮춰야 한다. 그래야 호혜와 겸양의 미덕을 자랑하는 신사의 스포츠인 골프를 할 수 있는 자격이 있는 것이다. 아무리 더워도 땀투성이가 된 채 식당에 들어서는 광경은 그리 보기 좋은 것은 못 된다. 또 여름철에 거리낌없이 반바지 차림으로 개선 장군처럼 코스에 나타나는 시골 신사님(?)도 눈에 띄지 않으면 좋겠다.

결코 사람 위에 사람 있다는 식의 말은 아니고 사람을 가려가며 차별하자는 말은 더더욱 아니다. 골프장은 내 앞마당과는 다르다. 대중이 이용하는 공공 장소다. 그래서 질서가 필요하고 예의범절을 지켜야 할 의무가 있는 것이다.

다운스윙

—Downswing—

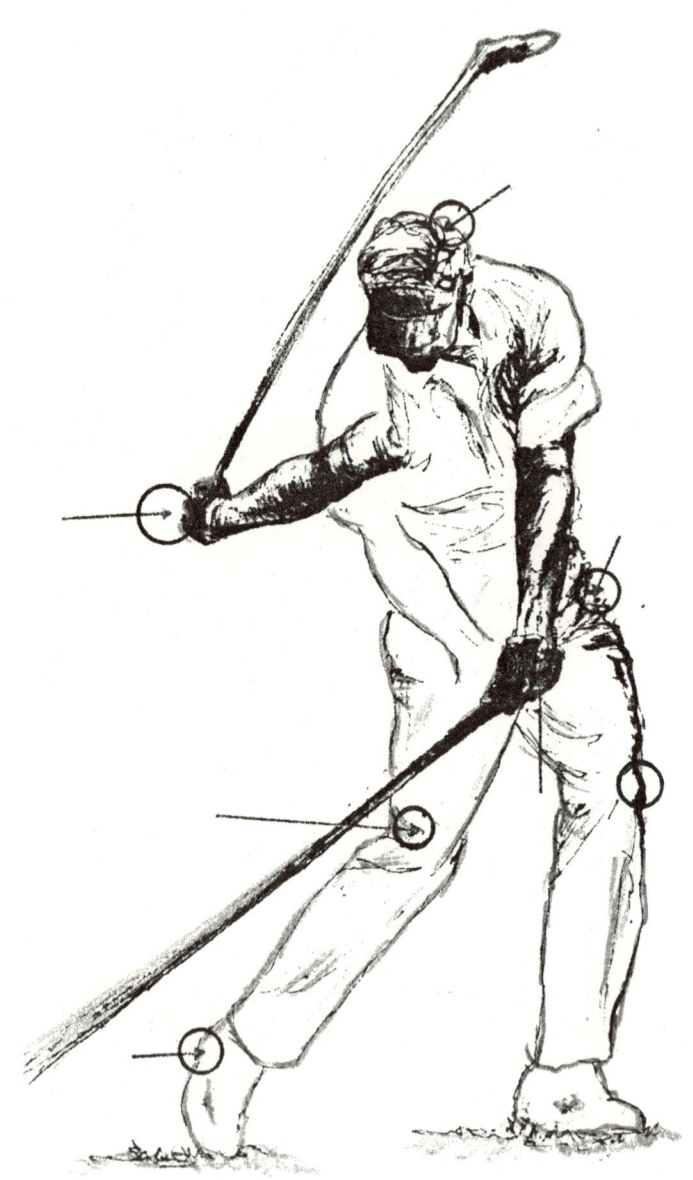

다운스윙 땐 오른쪽 겨드랑이 붙여라

공을 멀리(거리) 바르게(방향) 보내는 사람과 그렇지 못한 사람의 차이는 다운스윙 때 하반신을 잘 쓰고 못 쓰는 데 달려 있다. 초보자나 스윙이 서툰 사람은 하반신을 제대로 쓰지 못하고 대개 손과 팔의 힘만으로 공을 때리게 된다. 그러나 무릎과 허리의 힘으로 클럽을 끌어내리는 다운스윙은 헤드 스피드가 빨라 장타가 날 뿐만 아니라 방향까지도 정확해지는 장점이 있다.

그런데 왜 하반신이 스윙에 중요한 것일까……. 이것은 다운스윙을 하체로 리드하면 클럽 헤드가 늦게 내려오면서 백스윙의 정점에서 저축한 힘을 몽땅 공을 맞힐 때 쏟아부을 수 있기 때문이다. 백스윙은 위(어깨)에서 아래(무릎)의 순서로 움직이지만, 다운스윙은 이와 반대로 아래서 위로 움직여야 한다. 다운스윙 때 왼쪽 무릎을 목표 쪽(왼쪽)으로 밀어내면 체중은 오른발에서 왼발로 쏠리게 된다. 이 체중 이동 때문에 허리도 부드럽게 돌아가서 클럽 헤드를 빠른 속도로 끌어내리게 된다.

그런데 꼭 한 가지 알아두어야 할 일이 있다. 그것은 다운스윙 때 왜 오른쪽 겨드랑이를 붙여야 하는가 하는 것이다. 이것은 클럽 페이스가 공에 맞는 순간 클럽 헤드의 스피드를 가속시키기 위해서이고 어드레스 자세에서 공을 맞히기 위해서다. 클럽은 올라간 길을 따라 내려온다는 원운동의 원리대로 따르자는 것이다. 그래야 공이 멀리 날아가고 겨냥한 지점으로 보낼 수가 있다. 이렇게 다운스윙 때 오른쪽 겨드랑이를 붙이는 것은 무엇보다도 중요한 기술 중의 하나임을 알아야 한다.

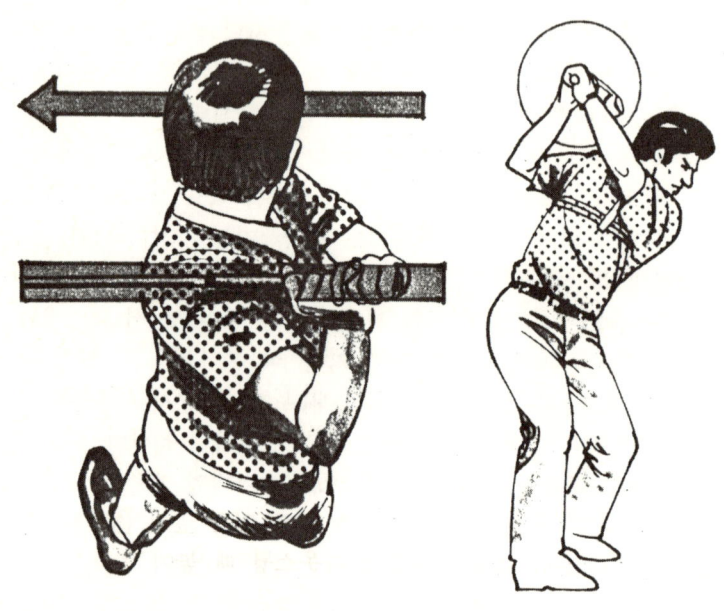

다운스윙은 하체를 먼저 움직여야

어떤 골퍼도 스윙에 관한한 나름대로 자신 있게 설명할 수 있는 일가견은 있을 것이다. 그러면서도 자신의 스윙을 잘못하고 있는 것은 스윙의 정확한 원리를 모르기 때문이다.

골프채를 들어올렸다 내리면서 공을 맞히는 규칙적인 원운동을 스윙이라고 한다. 그러나 이것만으로는 스윙을 충분히 설명했다고 볼 수는 없다. 스윙 동작의 한 부분에 톱 오브 스윙이라는 것이 있다. 이 말의 뜻은 백스윙의 정점을 말한다. 그러나 실제로 백스윙에는 궁극적인 정점이란 존재하지 않는다. 클럽 헤드가 톱 오브 스윙이라는 지점에 도달할 때에는 이미 다운스윙은 시작되고 있는 것이다. 이것은 초보자가 이해하기는 어려울지 모르지만, 어느 정도 경력이 있는 사람은 쉽게 납득이 갈 것이다.

'스윙의 정점' 하면 그립을 잡은 두 손이 가장 높이 올라간 것을 상상하게 된다. 그렇기 때문에 다운스윙 때 높이 올라간 골프채를 끌어내리는 동작은 지극히 당연한 것처럼 보인다. 그러나 바로 여기에 다운스윙에 대한 잘못된 오해가 있는 것이다. 다운스윙 때에는 어깨, 팔, 손처럼 높이 올라가 있는 상체의 동작은 아예 잊어버리고 하체인 무릎과 허리(엉덩이)가 먼저 움직이는 다운스윙이 되어야 한다. 왼쪽 무릎이 목표 쪽으로 이동하면 오른쪽 엉덩이가 왼쪽 엉덩이를 밀어내는 그런 하체 주도의 다운스윙 말이다. 이렇게 하체부터 움직이는 다운스윙은 서둘러 치는 일이 없기 때문에 백스윙을 충분히 할 수 있는 계기가 된다.

다운스윙 때 몸이 빠지면 훅이 난다

훅은 슬라이스와는 정반대로 다운스윙 때 몸은 멎고 팔(그립을 잡은 두 손)만 빨리 달아나서 공을 맞히는 순간 클럽 페이스가 왼쪽으로 엎어지기 때문에 일어나게 된다. 그래서 스윙은 팔뿐만 아니라 몸도 함께 움직여 줘야 한다고 했다. 몸과 팔의 움직임이 균형을 이룰 때 이것이 타이밍이다.

다운스윙 때 몸을 쉽게 쓰게 하기 위해서는 어드레스 때부터 그런 자세를 미리 만들어 놓으면 비교적 허리가 빨리 열려서 훅을 방지할 수 있다. 다시 말해 훅을 방지하는 어드레스 자세는 약간 오픈 스탠스(왼발을 뒤로 빼는)를 잡고 왼발 끝도 왼쪽으로 벌려 줘야 한다. 이런 자세로 어드레스를 하면 이미 몸이 열려 있어서 다운스윙 때 몸이 돌아가기 쉬운 준비 자세를 만들어 놓은 셈이 된다.

이 상태에서 평상시와 똑같은 스윙을 하면 훅은 나지 않게 되지만, 그래도 계속해서 훅이 나는 것은 자신 없는 스윙을 하기 때문이다. 미스샷(훅)에 대한 두려움 때문에 마음 놓고 스윙을 할 수 없게 되어 어깨가 돌아가지 않은 채 손끝으로 스윙을 조작하게 된다. 그래서 훅이 '계속되는 악순환이……. 클럽을 자신 있게 내던지는 스윙에서 공이 휘지 않는 것은 몸을 완전히 활용해 공을 맞히는 순간(임팩트) 클럽 페이스가 열리거나 엎어지는 일이 없기 때문이다.

프로 골퍼가 훅이 나는 것도 몸을 쓴 완전한 스윙을 하지 못할 때 일어난다. 무엇보다도 자신 있게 마음껏 클럽을 휘둘러 주는 것(스윙)만이 이런 미스샷을 막는 길이다.

왼팔 중심으로 스윙해야 공중볼 안 나

마치 청개구리 같은 것이 초보자의 골프인가 보다. 의식적으로 탄도가. 낮은 공을 치려고 하면 반대로 공은 하늘 높이 솟아오른다. 티 위에 올려놓고 때리는 공이 공중볼이 되는 것은 좌반신이 공을 감싸는 것 같은 자세로 다운스윙을 하기 때문이다. 티를 높이 꽂거나 깊은 러프 위에 떠 있는 공을 칠 때 자주 일어나는 미스샷이다. 공을 오른손 오른팔로 강타하게 되면 아무래도 오른쪽 몸이 앞으로 쏠리면서 공 밑동을 때리게 된다. 그러면 공은 하늘 높이 튀어올라 소위 공중볼(Skying Ball)이 되고 만다.

이런 미스샷을 고치기 위해서는 정확한 체중 이동과 함께 왼팔로 클럽을 끌어내려야 한다. 철저한 왼팔 주도형의 다운스윙을 말한다. 어디까지나 좌반신을 살려서 스윙의 기본을 따르면 상체가 엎어지면서 공 밑동을 때리는 일은 없게 된다. 스윙을 익힐 때 왼팔만으로 연습 스윙을 하는 것도 바로 이 때문이다. 연습 스윙을 통해 왼팔만으로 클럽을 끌어내리는 감각을 찾을 수 있으면 스윙은 완성된 셈이다. 기술적으로 말하면 아무리 체중 이동이 바르고 팔이 제대로 내려와도 타이밍이 맞지 않으면 두 무릎이 필요 이상으로 들어가면서 공 밑동을 때리게 된다.

초보자뿐만 아니라 중견 골퍼까지도 스윙 궤도가 흐트러지면 먼저 좌반신을 살리는 일부터 고쳐야 한다. 그래서 기초부터 다시 다지는 재수 삼수에 도전하는 용기 있는 자세가 필요하다. 그러면 언젠가는 왼팔이 주도하는 스윙 감각을 찾게 될 것이다.

다운스윙은 언더스로 모션처럼……

몸의 회전을 동반한 원운동이 골프 스윙이다. 그래서 골프는 스윙이 전부라고 했다. 그렇지만 타구의 성패는 대개 백스윙 여하에 따라 결정된다. 이렇게 중요한 스윙은 물건을 아래서 위로 던질 때의 요령처럼 이뤄져야 하는 것이 자연스러운 다운스윙의 이치다.

클럽 헤드가 공을 향해 내려가는 감각을 정확하게 찾기 위해서는 언더스로(Under-Throw)가 적격이다. 이 동작은 다운스윙 때 오른쪽 팔꿈치가 몸에 붙어 지나가는 것을 알 수 있게 하는 중요한 실마리가 된다. 백스윙은 왼쪽 어깨를 돌려 그립을 잡은 두 손과 팔로 클럽을 끌어올리지만, 다운스윙에서는 오른쪽 팔꿈치가 하반신이 먼저 움직이는 언더스로의 모션처럼 몸을 스치면서 내려오게 된다.

이때 좀더 감각이 뛰어나면 하반신의 리드로 스윙 중인 오른쪽 허리에 스칠 정도로 오른쪽 팔꿈치가 닿으면서 내려오게 될 것이다. 이 동작은 어디까지나 하반신이 스윙을 주도하면서 타이밍을 맞추는 것이 중요한 것이지, 지나치게 오른쪽 팔꿈치에 연연하게 되면 클럽 헤드가 너무 늦게 내려와서 공을 맞힐 때는 오히려 클럽 페이스가 열리게 된다. 그러면 결과는 보나마나 슬라이스다. 공을 바로 맞히기 위해서는 공을 맞히는 순간 클럽 페이스가 직각인 상태에서 맞아야 한다는 '임팩트는 어드레스의 재현'이라는 말을 다시 한번 되새길 필요가 있다. 스윙의 성패는 손목을 꺾는 과정에서 확실하게 나타나기 때문이다.

스윙은 단순해야 크게 할 수 있다

스윙은 클수록 좋다지만 백스윙뿐만 아니라 폴로스루까지 크게 해서 피니시를 완전히 해야만 결과적으로 스윙이 커진다. 아마추어 골퍼는 큰 스윙뿐만 아니라 프로 골퍼의 흉내를 내려고 골몰한다. 그 대표적인 예가 한때 골프계의 유행병처럼 번졌던 다운블로(Down-Blow)의 타법이다. 공을 위에서 아래로 찍어 때리면 공은 낮게 날아가다 위로 솟아오르는 구질이 되는데, 이런 공을 부러워하는 아마추어 골퍼가 많다.

더욱이 이런 구질(Down-Blow)이야말로 가장 거리가 많이 난다고 믿고 있는 사람이 많은 데에는 그저 놀랄 수밖에 없다. 결론부터 말하면 현재 활약 중인 세계적인 유명 프로 골퍼 중에 다운블로 타법을 고수하고 있는 사람은 없다는 사실이다.

설령 프로 골퍼 중에 이 타법을 선회하는 사람이 있다손 치더라도, 아마추어 골퍼는 흉내내기도 어렵거니와 그럴 필요도 없는 타법이다. 스윙은 단순해야 원활한 원운동을 할 수 있다. 그러나 무리하게 다운블로의 타법을 강행할 경우 임팩트 때 체중 이동이 자연스럽게 이뤄지면 다행이지만, 그렇지 못하면 뒤땅을 치거나 공 머리를 때리는 미스샷이 되고 만다. 그렇다고 왼쪽으로의 체중 이동만을 지나치게 의식하면 머리도 함께 따라 움직여서 스웨이(Sway)가 되고 만다. 공을 맞히는 순간 머리는 공 뒤에 남아 있어야 하는데 머리가 왼쪽으로 따라 움직이면 이것도 미스샷을 유발하는 원인이 된다. 그렇기 때문에 아무리 다운블로의 흉내를 내더라도 몸까지 따라다니는 일은 없어야 소기의 목적을 달성할 수 있을 것이다.

한해 4대 대회 휩쓴 골퍼 없어

테니스의 윔블던, 축구의 월드컵처럼 골프에도 권위와 전통을 자랑하는 유명한 대회가 있다. 가장 오래된 영국 오픈(British Open, 1860)을 필두로, 미국 오픈(1895), 미국 프로 선수권(PGA, 1916), 마스터스(Masters, 1934)를 세계 4대 토너먼트라고 부른다. 이 4개 대회는 모든 골퍼가 동경하는 대회이고 출전 자격을 얻는 것만으로도 영광스럽게 생각할 만큼 비중 높은 대회다. 이 메이저 토너먼트(Major Tournament) 중 어느 한 대회의 승자만 돼도 당대의 스타 플레이어로서 각광을 받게 된다. 프로 골퍼가 아무리 많은 대회에서 우승하더라도 이 메이저 타이틀을 몇번이나 차지했느냐에 따라 평가 기준은 달라지게 된다. 프로 골퍼의 통산 기록도 나름대로 훌륭한 것이긴 하지만, 이 메이저 타이틀의 주인공이 되는 것이 그들의 평생 목표요 영원한 소망이다.

출전 경력까지도 자랑할 만한 4대 경기인데 현역 골퍼 중에는 잭 니클로스(17승), 개리 플레이어(9승), 아놀드 파머(7승) 등 다승을 과시하는 골퍼도 있다. 메이저 타이틀 다승의 주인공인 잭 니클로스는 미국 오픈 4회, 영국 오픈 3회, 마스터스 5회, 미국 프로 선수권 5회 등 총 17회로서 타의 추종을 불허하는 위업을 달성했지만, 같은 해에 4개 대회를 휩쓴 사람은 아직 나타나지 않았다. 1년 동안에 이 4개 대회를 독차지하는 것을 그랜드 슬램(Grand Slam)이라고 하는데, 그래야 "싹쓸이"의 위업을 달성하게 되는 것이다.

메이저 토너먼트 중에서 마스터스 대회는, 역사는 가장 짧지만(1934) 아마추어 골퍼로서 금자탑을 세운 보비 존스가 자기의 고향 조지아주 어거스타에 골프 코스를 건설하여 세계적인 대회를 창설한 것이 그 시초고, 급속한 진전을 봐 지금은 가장 권위 있는 대회로 평가받고 있는 실정이다.

지금도 이 마스터스 대회만은 매년 같은 코스(어거스타 내셔널 GC)에서 개최되고, 출전자 전원을 초청 케이스로 제한하는 것을 그 특색으로 자랑하고 있다.

피 니 시
Finish

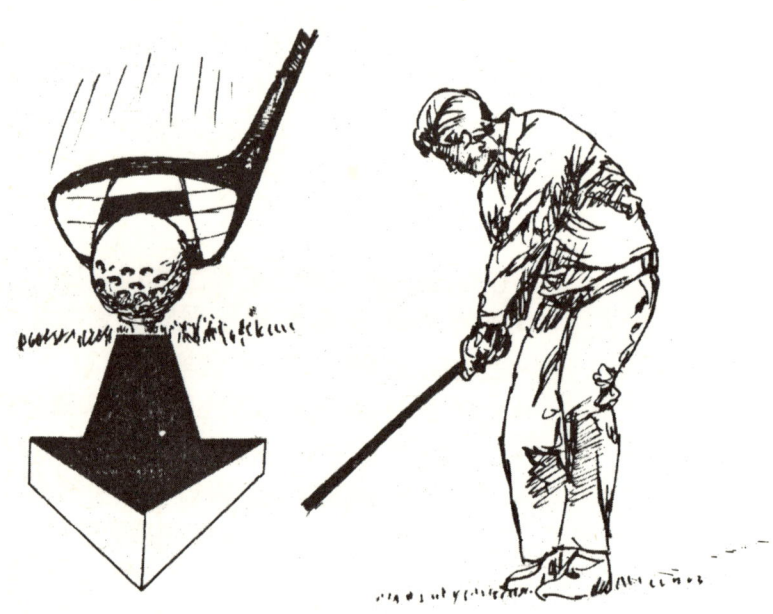

어드레스와 임팩트 동작은 하나

정확하게 클럽만 휘둘러 주면 공은 저절로 바로 맞는 것이라고 믿으면 군힘이 빠져서 비교적 잘 맞아 나갈 것이다. 클럽 헤드가 공에 맞는 순간의 상태를 임팩트라고 하는데, 흔히 "임팩트는 어드레스의 재현"이라는 말을 자주 듣는다. 알 것 같으면서도 애매하게 느껴지기는 하지만…….

공을 맞히는 순간 어드레스 때와 똑같은 자세(폼)를 재현할 수 있으면 공은 어김없이 똑바로 날아간다는 이론이다. 그러나 이론과 실제가 딱 맞아떨어지지 않는 데 어려움이 있다. 스윙이라는 몸의 회전 운동이 절정에 이르렀을 때 (이때가 클럽 헤드의 속도는 가장 빠르다) 어드레스 폼에 대해서 생각할 여유가 없기 때문이다. 공은 그야말로 눈 깜짝할 사이에 맞히게 되고 그 동작은 순식간에 지나가 버리고 만다. 그래서 임팩트는 스윙의 일부분이라고 생각해야 하는 것이다. 이것을 실현하기 위해서는 오히려 스윙의 준비 단계인 어드레스 때 정확하게 공을 맞힐 수 있는 요소를 내포하고 있어야 한다.

그렇지만 일단 클럽을 휘둘러서 공을 맞히는 단계에 들어가면 (다운스윙) 임팩트가 스윙 속의 일부라는 사실까지도 잊어버려야 한다. 어딘가 모순투성이의 설명 같지만 이것이 스윙에 '눈을 뜬 것'이고 '깨달음'이다. 피부에 와 닿는 말로 표현하면 이것이 바로 감각이다. 이 감각적인 동작을 합리적으로 설명하면, 어드레스는 멎어 있는 상태지만 움직이면서 공을 맞히기 위한 준비 단계다. 실제로는 회전 운동의 과정에 나타나는 결정적인 단계다. 이처럼 멎어 있는 동작(어드레스)과 움직이는 동작(임팩트)이 하나가 됐을 때 비로소 공은 멀리 정확하게 날아갈 것이다.

스윙 후에 두 팔을 목표 쪽으로 뻗어라

'착각은 자유'라는 기상천외한 자유론(?)이 유행한 지도 꽤 오래 됐다. 착각은 자기 자신은 옳고 바르다고 생각하거나 행동하는 데에서 비롯된다. 물론 확신 속의 행동이다. 이런 착각은 골프에도 있다. 충분히 몸을 돌리고 있는데 실제로는 전혀 어깨가돌지 않는 스윙, 꼭 목표선과 직각으로 선 것 같은데 엉뚱하게오른쪽이나 왼쪽을 보고 서는 어드레스, 이런 것들은 모두 착각에서 오는 잘못들이다. 이런 자세나 스윙으로는 공을 바로 보낼수도, 힘있게 맞힐 수도 없다. 뿐만 아니라 분명히 공을 맞히고나서 채를 던지는 것 같은데 실제로는 그 자리에서 멎어버리는스윙도 착각이 빚어내는 결과다.

가장 길고 큰 폴로스루를 하는 골퍼는 잭 니클로스다. 이것은그의 팔이 남달리 길어서도 아니고 별나게 의식적으로 그렇게하고 있는 것도 아니다. 다만 어릴 적부터 몸에 밴 스윙 스타일에 불과하다. 폴로스루를 크게 하기 위해서는 반드시 머리와 몸통(중심축)을 어드레스 때의 위치에 남겨놔야 한다. 그래야 체중 이동도 완전해지고 스윙 아크도 커져서 보기만 해도 시원한스윙 폼이 되는 것이다.

폴로스루란 특별한 동작이 아니고 공을 때리고 나서 클럽을목표 쪽으로 던져주는 자연스러운 운동이다. 다운스윙만 제대로되면 폴로스루에도 문제는 없다. 끌려 내려오는 힘에 의해 클럽이 휘둘러지는 대로 맡겨 버리면 된다. 마치 목표를 향해 일직선으로 뻗어 나가는 화살처럼 말이다. 두 팔을 목표 쪽으로 뻗어야 하는 것이 폴로스루의 필수조건이다.

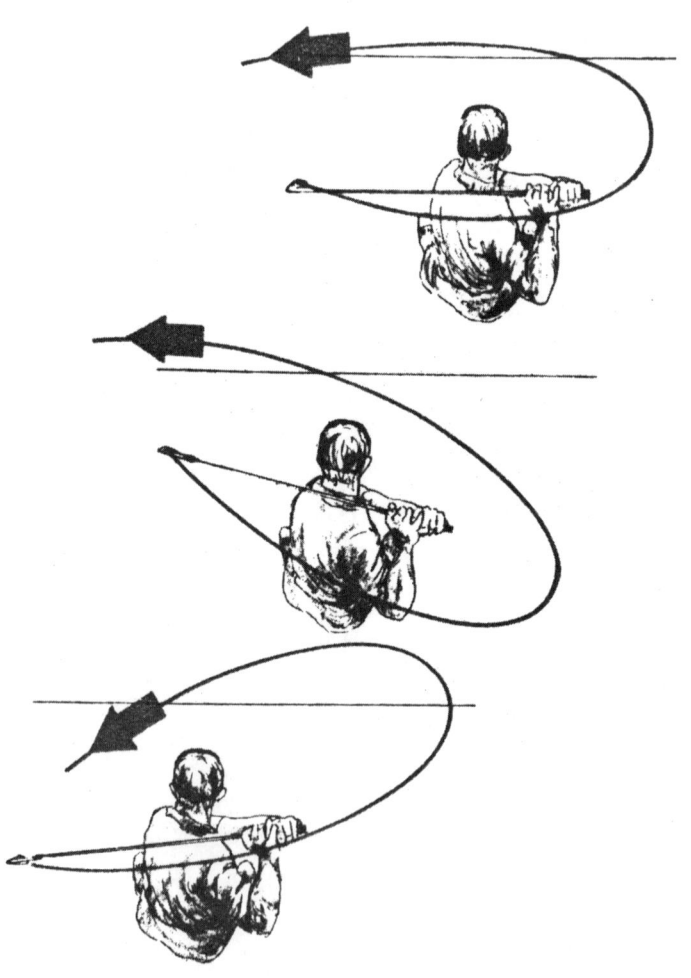

스윙의 결정적 부분은 임팩트

골프 스윙은 클럽을 움직이기 시작해서 멎을 때까지(Take-Back에서 Finish까지) 불과 2초도 걸리지 않는 순간에 일어나는 연속된 동작이다. 그렇지만 스윙을 설명하기 위해서 편의상 클럽 헤드가 움직이는 진행 과정에 따라 스윙을 여러 토막으로 나눠서 생각할 수는 있다.

먼저 공을 치기 위해 자세를 잡는 어드레스에서부터 클럽을 들어올리는 백스윙, 백스윙이 완전히 끝나는 톱 오브 스윙(Top of Swing), 여기서부터 다시 클럽을 끌어내리는 다운스윙, 공을 맞히는 임팩트, 그리고 폴로스루와 피니시가 스윙의 부분별 과정의 전부다. 그렇지만 이들 각 부분은 상호 연관된 협동 작용을 근거로 하고 있기 때문에 어느 것 하나라도 독립된 동작으로 생각해서는 안 된다. 어디까지나 연속적 동작의 일부라고 생각해야 할 것이다.

그러면서도 스윙의 결정적인 부분을 꼽는다면 단연 클럽 헤드가 공을 맞히는 순간(Impact)일 것이다. 바로 여기가 타구의 성패를 결정짓게 되는 접촉점이기 때문이다. 어드레스에서부터 피니시까지의 모든 운동은 공을 바로 맞히기 위해서 존재한다. 그것이 바로 임팩트이고 임팩트는 골프 스윙의 결정점이다. 이 결정점은 클럽 헤드의 속도가 가장 빠르고 클럽 페이스와 목표선이 직각을 이룰 때 절정에 이른다. 그렇기 때문에 스윙 동작은 몸의 각 부분이 이런 이상적인 임팩트를 맞기 위한 통일된 방법으로 움직여 줘야 한다. 그래야 그 스윙은 이상적인 것이 돼서 공을 보다 멀리 보다 정확하게 목표 지점으로 보낼 수 있다.

임팩트 때 순간적으로 손목을 멈춰라

골프 인생을 사는 동안 임팩트라는 말처럼 많이 듣게 되는 말도 없을 것이다. 임팩트란 클럽 페이스가 공에 맞는 충격의 순간을 말한다. 공이 똑바로 날아가는 것도, 좌우로 휘는 것도 바로 이 순간에 결정되기 때문에, 임팩트는 스윙 중에서 가장 중요한 몫을 차지하게 되는 것이다.

흔히 '임팩트는 어드레스의 재현'이라는 말로 표현된다. 공을 맞히는 순간 어드레스 때의 상태로 몸이나 클럽 페이스가 돌아와야 이상적인 타구가 된다. 이상적인 임팩트란 클럽 페이스가 목표선과 직각인 상태에서 공을 정통으로 맞히는 것이다. 클럽 페이스가 직각인 것은 샤프트, 왼팔, 스윙의 중심축까지도 직각이란 뜻이다. 그렇지만 실제의 임팩트 자세는 반드시 어드레스 때와 일치하지는 않는다. 그것은 어드레스는 정지 상태고 임팩트는 스윙이라는 움직이는 동작 중의 한순간이기 때문이다.

임팩트 때 클럽 페이스는 어드레스 때 위치대로 직각으로 돌아와야 한다. 이것이 스윙의 첫째 조건이다. 임팩트 때의 힘과 요령은 파리채를 휘두를 때 순간적으로 손목을 멈춘 상태에서 내려치면 빠르고 힘이 생기지만 손목까지 움직여서 후려치면 펀치력은 약해지고 오히려 속도는 둔화되고 만다. 이것은 임팩트 때의 요령과 마찬가지다. 물론 임팩트는 스윙이라는 동작 중의 일부분이기 때문에 몸을 정지시킬 수는 없다. 그러나 이 원리를 활용하면 1만분의 6초라는 임팩트 순간을 조금은 의식할 수도 있을 것이다.

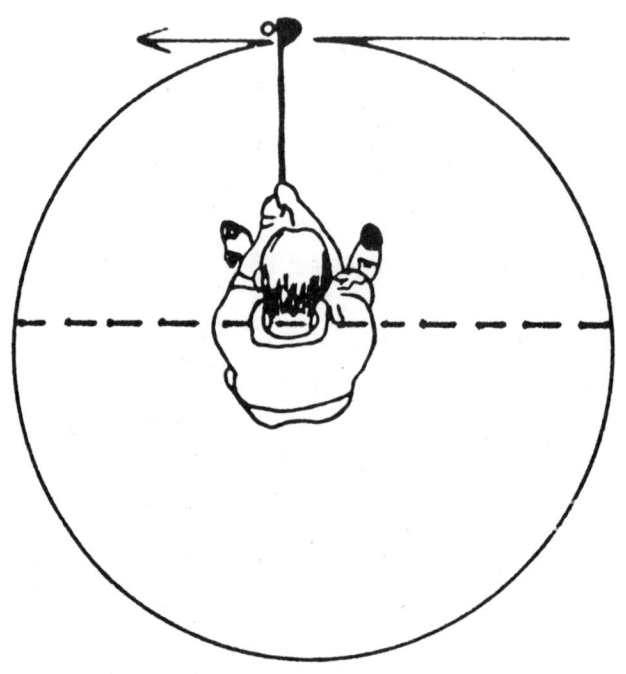

완벽한 스윙은 이상적인 원운동에서

드라이버샷 때 클럽 헤드가 공에 맞는 순간의 시간은 프로와 아마추어 골퍼 사이에 차이가 있지만 대체로 1만분의 4초에서 1천분의 1초라고 한다. 이것은 클럽 헤드의 스피드에 의해 클럽 페이스가 공에 닿는 순간부터 떨어질 때까지의 시간을 말한다.

과학적인 근거야 어떻든간에 거리로 따져서 겨우 2~3cm밖에 안 되는 이 짧은 시간 안에 구질을 조절한다는 건 인간의 능력으로는 도저히 할 수 없는 일이다. 그렇기 때문에 스윙은 감각적이어야지 인위적으로 조작하기는 어렵다는 것이다. 공을 맞히는 순간 클럽 헤드가 그리는 스윙 궤도와 클럽 페이스의 방향이라는 두 가지 요소에서 살펴보면 정확하게 공을 맞히기 위해서는 몇 가지 원칙이 있다. 즉 이상적인 원운동으로 클럽 헤드가 휘둘러졌을 때 그 원궤도는 공의 어느 한 점에서 목표선과 만나게 된다. 이 접점에 클럽 헤드가 닿을 때 클럽 페이스의 방향이 정확하게 목표선과 직각을 이루면 공은 똑바로 날아간다.

원운동의 물리적 법칙에도 "원운동에서 충격을 받은 물체는 원의 접선의 방향으로 날아간다"라는 이론이 있다. 이것을 골프 스윙에 대입시켜 보면, 클럽 페이스의 방향이 클럽 헤드의 운동 방향과 일치하면 공은 스윙 아크(원)의 접선인 목표선 쪽으로 날아가게 된다.

이런 이상적인 임팩트 현상을 기하학적 용어로는 탄젠트 스윙(Tangent Swing)이라고 한다. 똑바로 공을 보내기 위해서는 탄젠트라는 말은 몰라도 클럽 페이스가 목표 방향과 일치된 상태에서 공을 맞히면 되는 것이다.

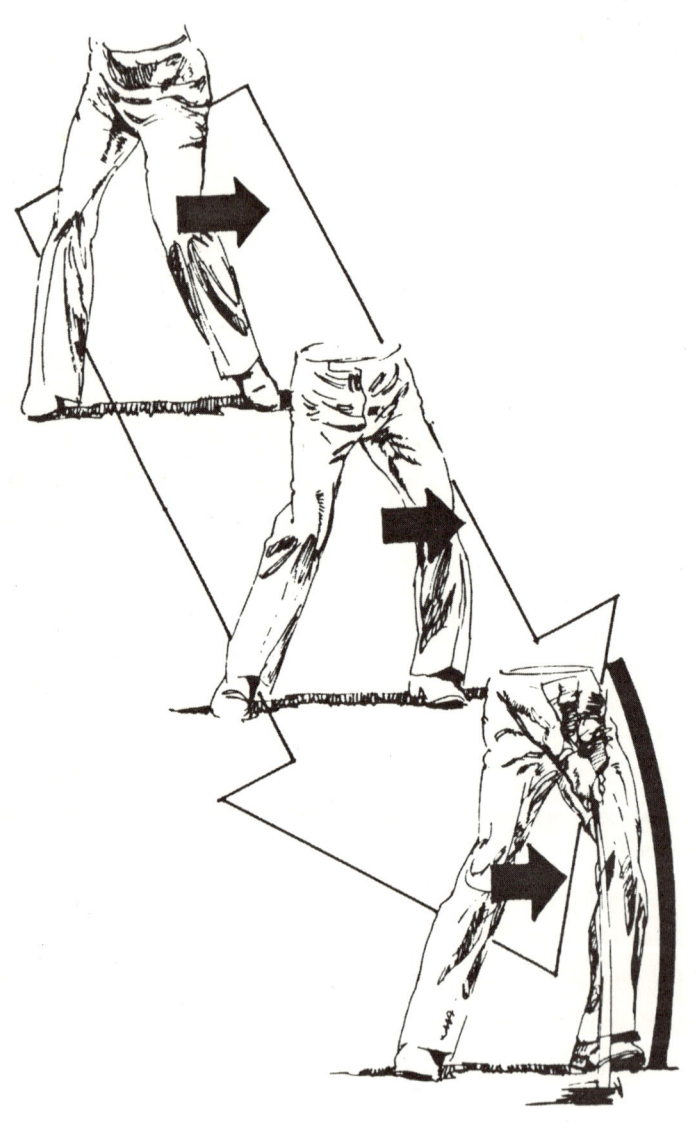

피니시 자세에선 오른발을 왼쪽으로

슬라이스 공에 시달리는 사람의 또 다른 유형은 '허리가 빠지는' 타법에서 찾아볼 수 있다. 공을 맞히고 나서 폴로스루로 이어지는 동작에서 허리가 어드레스 때보다도 오른쪽이나 뒤로 빠져서 체중이 오른발에 남은 채 피니시가 되는 경우다.

이런 결함은 다운스윙 때 체중 이동이 정확하게 이뤄지지 않기 때문이지만, 허리가 빠져서 체중이 오른발에 남으면 남을수록 손에 의존하는 스윙이 되어 공을 깎아치게 된다. 당연히 슬라이스가 날 수밖에 없는 스윙을 하는 셈이다. 이런 증상 때문에 고민하는 사람은 먼저 다운스윙에서 폴로스루에 이르는 동안 정확히 (완전히) 체중 이동을 하는 것부터 배우지 않으면 안 된다.

즉 다운스윙이 시작되면 오른발에서 왼발 쪽으로 체중을 완전히 옮겨 놓는 스윙으로 바꿔야 한다. 이런 생각을 염두에 두고 연습 스윙을 해 보자. 체중 이동을 익히는 방법으로 피니시 자세 때 오른발을 왼발 쪽으로 내디딜 수 있도록 연습해 보는 것도 확실하고 완전한 체중 이동을 실천하는 방법의 하나다. 또 체중이 오른쪽에 남는 사람은 아무래도 다운스윙 때 머리까지도 오른쪽으로 기우는 경향이 있다. 두말할 것도 없이 머리는 스윙축의 중심이기 때문에 어떤 타법에서도 항상 똑바로 세워 두는 것이 이상적이다. 초보자에게 숙명처럼 따라다니는 슬라이스병도 노력 여하에 따라서는 하루 아침에 고칠 수 있는 방법도 있다. 모든 것을 기본에 충실하기만 한다면……

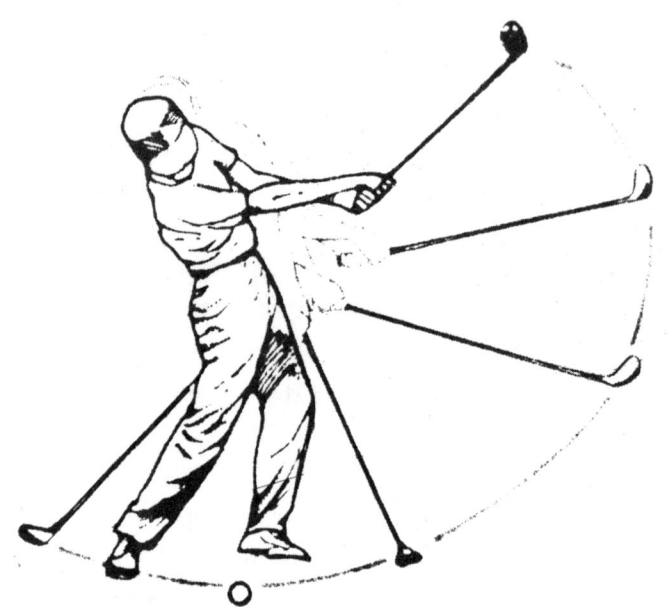

폴로스루 때 머리를 들지 마라

골프가 서투른 사람은 공을 치고 나서 뒤처리가 허술하다. 스윙의 목적은 공을 맞히기 위한 동작이기 때문에 공을 때리면 그만이지 그 다음 동작이 아무려면 어떠냐고 제법 이론적인 항변을 하는 사람도 있다. 그러나 그것은 잘못된 생각이다.

스윙이란 공을 맞히고 나서도 폴로스루와 피니시를 거쳐야 완성되는 일련의 연속 동작이지 임팩트에서 스윙 동작이 끝나는 것은 아니다. 임팩트 후 왼쪽으로 움직이는 동작이 있는지 없는지에 따라 타구 거리는 물론 방향도 많은 영향을 받는다. 그렇기 때문에 공을 맞히고 나서 다시 한번 공을 때린다는 생각으로 날아가는 공 뒤를 클럽 헤드가 따라가야 스윙은 완전해진다. 클럽 헤드를 공에 맞히는 것만으로 끝나는 스윙이라면 공은 제멋대로 휘고 말 것이다.

공을 때리고 나서 폴로스루를 크게 하면 잘못 날아가던 공도 궤도 수정을 하게 된다. 이처럼 공을 맞히고 나서 클럽 헤드를 던져 주는 요령으로 공을 쳐야 타구 거리가 늘어나고 똑바로 날아가는 구질의 공을 칠 수가 있다. 타구 거리를 늘리고(장타) 직선으로 공을 보낸다는 것은 골프 스윙의 최대 목적이다. 그러면서도 그런 타구를 할 수 없는 것은 임팩트 후의 동작(Follow-Through)을 무시하거나 등한시하기 때문이다.

그런데 공을 맞히고 나서 폴로스루를 크고 효과 있게 하기 위해서는 무엇보다도 머리를 들지 말아야 한다. 그래서 날아가는 공을 곁눈질로 바라볼 수만 있으면……. 이것이 헤드업(Head-up)을 방지하는 또 다른 요령이다.

규정 타스(파)는 코스 거리의 잣대

1라운드의 홀(Hole)수는 18홀로 규정하고 있지만, 1라운드의 규정 타수(Par)가 반드시 72로 규정하고 있지는 않다. 그렇지만 대개의 골프장의 피가 72여서 이것이 마치 기준처럼 인식되고 있을 뿐이다.

그렇다면 과연 규정 타수(파)란 어떤 의미를 갖고 있는 것일까. 따지고 보면 편의상 각 홀의 규정 타수를 표시한 것에 불과하지 별다른 의미는 없다. 어차피 골프란 타수의 합계로 판가름나는 게임인 것이다.

그런데 홀의 규정 타수를 정하는 기본은 절대적으로 거리만이 기준이 된다. 거리가 길면 규정 타수가 많아지고 짧으면 적어지는 단순한 산술 계산에 의한 산정 방식이다. 이렇게 거리가 기준이 되

지만 스크래치 플레이어(핸디캡이 0인 사람)가 특정 홀에서 정상적인 컨디션으로 플레이했을 때 정당하게 기록되는 스코어를 근거로 파를 결정한다. 물론 여기에는 요행의 타구(Fluke)가 없어야 하고, 온그린이 되면 2퍼팅으로 인정한다는 전제 조건이 붙는다.

이처럼 파가 몇이냐 하는 것은 그 코스의 난이도와는 아무런 관계가 없다. 코스의 지형과 장애물의 배치, 그린의 크기와 거리까지를 감안하면, 거리가 길어도 쉬운 홀이 있는가 하면 짧아도 어려운 홀도 있다. 이렇게 코스 공략이 어렵고 쉬운 것을 나타내는 것이 코스 레이팅(Course Rating)이다.

그 홀의 파보다 코스 레이팅이 많으면 어려운 코스고 적으면 비교적 쉬운 코스라고 말할 수 있다.

GOLD COUNTRY CLUB & FAMILY LAND

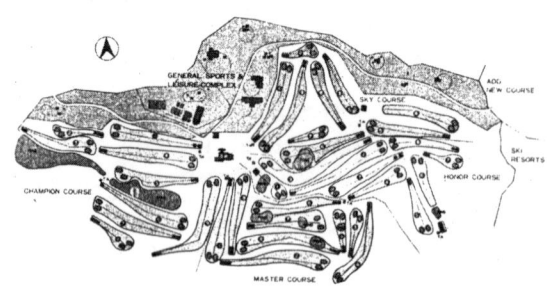

스윙 종합

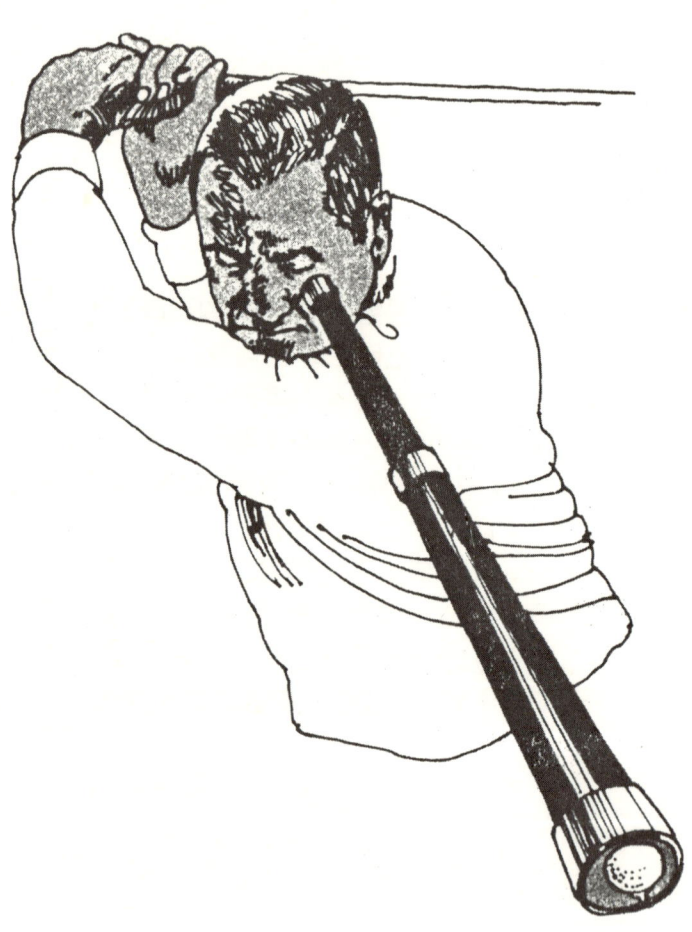

공 응시하는 습관부터 길러라

골프 스윙 중에서 가장 균형이 잘 잡힌 아름다운 자세는, 백스윙이 정점에 이르렀을 때 두 팔을 쭉 뻗은 톱 오브 스윙(Top of Swing)의 포즈와 공을 때리고 나서 힘있게 뻗어나는 공을 바라보며 회심의 미소를 짓고 있는 피니시의 오만(?)한 자세다. 스윙 폼이 뛰어난 프로 골퍼의 이 같은 자세는 마치 고대 희랍의 조각품을 연상하리만큼 아름답고 균형잡힌 힘과 미의 극치를 이룬다.

그 중에서도 톱 오브 스윙은 스윙이라는 연속 동작 속의 한 부분이기 때문에 몸 속에서 용솟음치는 힘이 눈에 보이는 것 같다. 이것이 물리학에서 말하는 잠재력(Potential Energy)이라는 것이다. 백스윙하는 동안 몸 속에 저축된 힘은 톱 오브 스윙에서 절정에 이른다. 이 힘은 다운스윙이라는 과정을 거쳐 공을 맞히는 순간(Impact) 운동 에너지로 바뀌면서 폭발하게 된다.

그러나 아무리 폭발력이 강해도 공을 바로 맞히지 못하면 타구의 목적(보다 멀리, 보다 정확하게)을 충족시킬 수는 없다. 여기서 필요한 것이 공을 보고 때리는 일이다. 어떤 물체를 맞힐 때 정확한 조준이 필요하듯 공을 맞힐 때에도 원리는 같다. 그렇지만 클럽 헤드가 공에 부딪치는 순간을 본다는 건 놀라운 일이다. 프로 골퍼의 수준에 이르면 임팩트 순간에도 달아나는 공을 볼 수 있다고는 하지만……. 일반 아마추어 골퍼가 달아나는 공까지는 볼 수 없어도 백스윙의 정점에서 멎어 있는 공을 응시하는 습관만은 길러야 한다. 그래야 공을 맞히는 순간 보는 척(?)이라도 할 수 있기 때문이다.

머리와 스탠스를 고정하라

　대부분의 아마추어 골퍼는 스윙의 기본(기초)이 잘못된 채 플레이하고 있기 때문에 언제 무너질지 모르는 불안 속에서 골프 인생을 살아가고 있다. 무너지지 않는 스윙…… 그것은 스윙축을 고정시키는 것뿐이다. 스윙의 중심축은 눈에 보이지 않는다. 중심축(등뼈 정도로 생각해 두자)을 돌리면 두 어깨가 따라 돌고 팔이 휘둘러지면서 클럽 헤드가 크게 원을 그리게 된다.

　이처럼 서로 관련된 연속 동작이 조화를 이루지 못하면 두 손과 클럽은 제각기 움직이게 된다. 그러면 결국 고르지 못한 스윙 평면을 만들고 어드레스 때 잡아놓은 길(궤도)을 따라 클럽 헤드가 움직이지 않게 된다. 스윙 도중에 일단 궤도에서 벗어난 클럽 헤드를 본궤도로 진입시키기 위해 궤도 수정을 한다는 것은 거의 불가능한 일이다. 하물며 공을 맞히는 순간에 궤도 조정을 하고 싶어도 인간의 능력으로는 아무래도 무리한 일이다.

　아놀드 파머도 어린 시절(6세) 프로 골퍼인 아버지로부터 배운 것은 머리와 스탠스만 고정시키고 나면 마음 놓고 스윙하는 것뿐이었다고 한다. 이것을 교훈으로 삼고 프로 골퍼가 된 후에도 항상 머리와 스탠스를 확인하는 것만은 잊지 않았다고 한다. 그렇기 때문에 스윙 폼을 만드는 데 필요한 것은 실제로 많은 공을 치는 것보다는 공을 때리지 않는 빈스윙(연습 스윙)을 되풀이하는 것이 퍽 효과적이다.

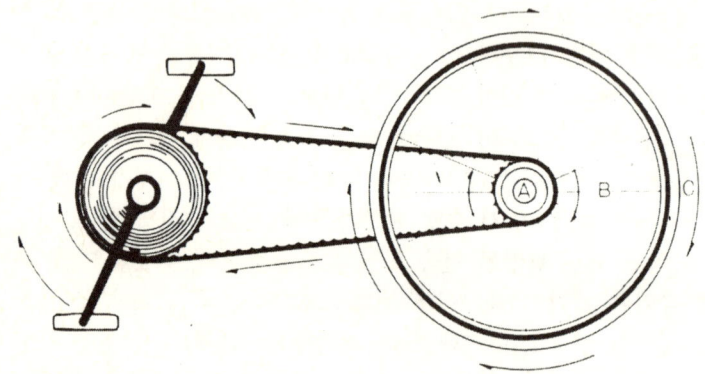

모든 스윙의 중심축은 왼쪽 어깨

골프 스윙은 원운동이라고 했다. 원운동에서 떠오르는 것은 자동차나 자전거의 바퀴가 돌아가는 원리를 연상하게 된다.

골프 스윙을 차바퀴의 회전 운동에 비유해서 생각하면 좀더 쉽게 이해할 수 있을 것이다. 바퀴가 도는 것은 차축, 즉 원의 중심축이 돌아서 그것을 스포크(바퀴의 살)를 통해서 바퀴에 힘을 전달하기 때문이다. 이 원리를 골프 스윙에 비유하면 차축은 상체의 등뼈에 해당하고, 스포크는 팔과 클럽의 샤프트라 할 수 있고, 바퀴에 해당하는 것이 클럽 헤드다.

골프 스윙은 이 바퀴를 비스듬히 세워서 돌리는 원운동과 같은 것이다. 그렇기 때문에 바퀴가 도는 원리처럼 스윙도 바깥쪽 바퀴(타이어가 있는 쪽)가 먼저 도는 것이 아니고 차축(중심축)부터 돌려야 한다. 바로 차축에 해당하는 부분이 상체의 등뼈지만, 이것은 고정돼 있기 때문에 이것만 단독으로 돌릴 수는 없다. 등뼈(중심축)와 팔을 이어주는 크랭크핀(Crankpin) 역할을 하는 것이 왼쪽 어깨다. 등뼈와 어깨는 붙어 있어서 왼쪽 어깨를 돌리면 자동적으로 중심축이 돌고 그 회전이 팔과 클럽을 돌려서 클럽 헤드를 돌리게 된다.

백스윙도 다운스윙도 이렇게 해서 이뤄지고 이것이 바로 스윙의 기본이고 전부인 것이다. 물론 사람의 몸은 기계처럼 움직이지는 않지만, 그래도 이론만이라도 바퀴가 돌아가는 원리를 알면 어느 정도 스윙이 어떤 것인가 하는 것쯤은 알게 될 것이다. 이처럼 골프 스윙은 단순한 것이지만 복잡하게 생각할수록 골프는 어려워지는 것이다.

하반신이 안정돼야 장타 나온다

공을 때릴 때(다운스윙) 오른쪽 허리가 많이 들어가면 타구의 힘은 강해져 이것이 폴로스루 때까지 지속되면 공은 멀리 날아가게 된다. 다시 말하면 공을 맞히는 순간 잔디 속으로 박혀 들어간 클럽 헤드를 빼낼 수 있을 만큼의 힘만 더 쓰면 공은 그만큼 멀리 날아가게 된다.

이것은 마치 보트를 타고 노를 저을 때 노가 물 속으로 들어가는 순간 힘을 들이는 사람은 아무도 없고 물살을 가르면서 빼낼 때 힘을 많이 쓰게 되는 이치와 같은 것이다. 이 요령을 살리면 공이 멀리 날아갈 뿐만 아니라 폴로스루를 완전하게 할 수 있는 스윙이 된다. 두 손으로 잡고 있는 클럽으로 멎어 있는 공을 때리기 때문에 자칫하면 손에 의존하는 타구가 되기 쉽지만, 공은 팔(힘)에 의존하기보다는 스윙으로 때려야 한다. 스윙은 무릎과 허리의 역할이 중요한 것도 바로 이것(하체)이 스윙을 받쳐주기 때문이다. 안정된 하반신이 기반이 돼서 클럽을 잡고 있는 두 손이 기민하게 움직일 때 비로소 원심력에 의한 원운동이 이뤄지게 된다.

가장 기본적이고 이상적인 스윙은 두 팔을 자유롭게 쓸 수 있도록 온 몸이 도와줘야 한다고 했다. 아무리 강한 힘이 있어도 어깨가 돌지 않은 스윙에서는 장타는 나오지 않는다. 바로 어깨를 돌려주는 것은 허리와 무릎의 역할이다. 어깨가 돌아야 팔도 자유롭게 쓸 수 있다. 이것이 스윙이고 장타력을 만들어내는 원동력이다. 하반신이 기반이 돼서 클럽이 휘둘러지는 스윙……이것이 강력한 힘과 스피드를 낳게 되는 것이다.

편안한 자세로 스윙에 임하라

스윙의 모든 동작은 자연스러운 것을 원칙으로 삼는다. 얼핏 보면 스윙 동작에 제동을 거는 것처럼 보이는 이론도 실제는 자연스러운 동작을 쉽게 할 수 있는 방법을 제시하는 것이며, 그것이 스윙을 정상적인 궤도 위에 올려 놓는 기초가 되는 것이다. 유명 골퍼의 스윙은 보기만 해도 아름답지만, 그것은 보고 즐기는 것으로 끝나야지 절대로 모방해서는 안 된다.

슬로 비디오나 분해 사진 같은 것을 보고 몸의 부분적인 동작을 흉내내서는 안 된다는 말이다. 수많은 근육의 종합적 결합과 연계 동작으로 이뤄지는 스윙을 국부적인 움직임 하나만으로는 절대로 흉내낼 수 없기 때문이다. 차라리 아마추어 골퍼가 본받아야 할 것은 눈에 보이는 스윙 폼이 아니라 훌륭한 골퍼의 마음이다. 정밀 기계처럼 빈틈없이 공을 맞히는 그들의 스윙도 스스로 생각해서 나이스샷이라고 확신할 수 있는 타구는 불과 몇 개에 지나지 않는다.

이것은 클럽 헤드의 중심(Sweet Spot)으로 공을 정확하게 맞힌다는 것이 얼마나 어려운 것인가를 단적으로 말해 주는 것이다. 그러니 아마추어 골퍼가 기술의 골프를 한들 얼마나 할 수 있겠는가 말이다. 누가 봐도 자연스러운 흐름 속에서 편안하고 즐거움을 심어 주는 골프를 해야 하는 것이 아마추어 골퍼의 목표다. 바로 이것은 기술이나 스코어와도 바꿀 수 없는 귀중한 재산이다. 동반 경기자를 경쟁자로 의식하지 않는 골프, 그러면서도 상대방을 이해하고 편안하고 즐겁게 해주는 골프, 이것이 아마추어 골퍼가 가야 할 길이다.

장거리 스윙 첫걸음은 퍼팅 연습

마라톤 선수가 1만m나 5천m쯤 달리기는 쉽지만 짧은 거리도 달릴 수 없는 사람이 마라톤 선수가 될 수는 없다. 굳이 선수가 아니라도 좋다. 10리를 걷지 못하는 사람이 100리길을 걸을 수는 없는 것이다. 이것은 흑백을 가리려는 단순 논리가 아니라 어떻게 하면 골프를 쉽게 배울 수 있을까 하는 방법론을 제시하기 위해서다. 처음에는 누구나 긴 클럽으로 공을 힘껏 때리려고 대든다.

골프는 공을 보다 멀리, 보다 정확하게 목표 지점으로 보내는 게임이지만 이를 위해서는 골프채를 휘두르는 것부터 배워야 한다. 스윙은 타이밍이 맞고 모든 동작이 균형을 이룰 때 비로소 완성된다. 그렇기 때문에 스윙이 어려운 긴 클럽보다는 다루기 쉬운 짧은 클럽으로 느린 템포와 부드러운 스윙을 익히는 것이 바람직한 방법이다.

별안간 큰 스윙부터 시도하면 스윙 감각을 몸으로 느낄 수 있을 때까지는 꽤 많은 시간이 걸리게 된다. 조금이라도 빨리 스윙 요령을 배우고 스윙 감각을 익히기 위해서는 스윙 폭이 작은 퍼팅부터 시작하는 것이 이상적인 방법이다. 퍼팅은 스윙이 작고 스윙 템포도 느리기 때문에 스윙을 배우기 위해서는 가장 적절한 방법이다. 이렇게 퍼팅으로 몸에 익힌 스윙 감각을 숏어프로치샷에 활용하고 다시 점진적으로 큰 스윙 긴 클럽으로 옮겨가면 자연스럽게 정확한 스윙을 할 수 있게 된다. 스윙이 커지면 스탠스의 폭과 공과의 거리만 달라질 뿐 스윙 그 자체는 다른 것이 없기 때문이다.

먼저 몸의 중심축을 고정시켜라

아무리 잔 기술이 뛰어나도 스윙의 기본이 잘못돼 있으면 골프의 즐거움은 반으로 줄어들 것이다. 스윙의 기본이란 스윙의 원리를 아는 일이다. 축을 중심으로 큰 원을 그리는 운동, 이것이 스윙이라 했다. 그래서 중심축은 제자리에서 돌아야지 좌우로 움직이면 안 된다고도 했다.

스윙의 중심축을 움직이지 않게 하기 위해서는 머리를 들지 말아야 하고 공에서 눈을 떼지 않아야 한다. 눈이나 머리가 움직이면 중심축까지도 함께 움직이게 된다. 그렇기 때문에 축만 움직이지 않을 자신이 있으면 머리를 들어도 공에서 눈이 떨어져도 무방하다는 이론이 성립된다. 그러나 프로 골퍼 중에는 절대 거리를 늘리기 위해 변칙 스윙을 하는 사람도 많다. 즉 백스윙 때 상반신을 오른쪽으로 옮기면서(Sway) 스윙축을 우측으로 이동시키는 스윙 스타일이다.

여기까지는 변칙이지만 다운스윙이 시작되면 재빨리 어드레스 자세로 돌아와서 완벽한 스윙을 한다. 이것은 남달리 몸이 굳어 있거나 힘이 약한 여자들이 타구 거리를 늘리기 위한 일종의 변칙 스윙이어서 일반 아마추어 골퍼가 흉내내기에는 어려운 기술이다. 스윙은 클수록 좋고 체중 이동의 폭은 넓을수록 좋다는 것은 기본 체력과 풍부한 연습량을 전제로 했을 때의 원리다. 체력과 연습량이 뒷받침하지 못한 아마추어 골퍼가 극단적인 변칙 스윙으로 장타력을 노리는 것은 필요 이상으로 스윙을 복잡하게 만드는 결과가 될 뿐이다. 단순한 스윙은 중심축을 고정시키는 데서부터 출발해야 할 것이다.

능력에 맞는 스윙 폼을 익혀라

80대 전반을 맴돌던 플레이어가 어느 날 갑자기 90대를 기록하는 일은 별로 놀라울 것이 못 된다. 그러나 10여 년의 경력과 관록(?)을 자랑하면서도 아직도 90의 벽을 넘지 못하는 것은, 한 마디로 말해서 잘못 돼도 한참 잘못 돼 있고 그것은 스윙이 나쁘기 때문이다.

바른 스윙을 하기 위해서는 자기 몸에 맞는 골프채도 중요할 것이고 꾸준한 연습을 강조하는 사람도 있을 것이다. 그런가 하면 골프란 독학이 있을 수 없는 것이니 훌륭한 지도를 받아야 한다고 믿고 있는 사람도 있을 것이다. 어느 것도 틀린 말은 하나도 없다. 그렇지만 적어도 스윙을 배우기 위해서 '제일' '가장' '먼저' 필요한 것이 무엇이냐는 대답치고는 낙제 점수다.

모방 능력이 뛰어난 어린 시절에는 어깨 너머로 배워도 스윙을 훌륭하게 해낼 수가 있다. 그렇지만 뼈가 굳고 나면 모방력보다는 이론적인 기초 위에 바른 스윙이란 이런 것이라고 생각하는 힘……, 즉 상상력이 필요한 것이다. 정확한 스윙을 자기 머리 속에 기억시켜서 이를 실제 스윙으로 실현시키는 원동력이 되는 것이 상상력이기 때문이다. 누구나 상상할 수 있는 능력이 있으면 남녀노소를 불문하고 스윙만큼은 바로 할 수 있다는 자신감을 가져야 한다. 여기서 문제가 되는 것은 지나친 욕심이다. 스윙의 이상형이 보다 멀리, 보다 정확한 타구를 실현시킬 수 있는 데 있다면, 이것은 어디까지나 '남보다' 멀리가 아니라 '내가 할 수 있는 한' 멀리라는 뜻이다.

골프는 나 스스로의 게임이다. 절대로 남과 비교하지는 말자. 내가 최선을 다할 때 나만의 즐거움이 있는 것이다.

스윙이 진행되는 동안에 헤드업 마라

공의 행방은 공에게 물어보라……. 이것은 초보자들의 예측할 수 없는 타구 방향을 풍자한 말이다. 그러나 이 말은 결코 초보자에게만 해당되는 말은 아니다. 어떤 상황에서도 타석에 들어서면 공 뒤쪽에 서서 목표를 확인해야 한다. 다음은 공 앞(왼쪽) 1m 정도의 지점에 중간 목표를 설정하고 이 선에 맞춰 직각으로 스탠스를 잡고 (스퀘어 스탠스) 어드레스를 한다. 이 순서는 모든 타구에 해당되는 공통점이다.

그러면서도 18홀이 끝날 때까지 일정한 템포를 유지해야 전체적인 게임의 흐름을 타게 된다. 중간 목표를 정해 놓고 타석에 들어서면 공을 칠 때까지 걸리는 시간은 길어야 12~13초 정도다. 스윙에 필요한 시간이 2초 내외이고 보면 스윙을 시작하기 전 10초가 가장 중대한 고비가 된다.

이때 꼭 지켜야 하는 것이 머리를 들지 않는 일이다. 스윙이 진행되는 동안 헤드업을 하지 않는다는 것은 스윙에 자신이 있다는 증거다. 목표 쪽에 불안한 요소가 있으면 누구나 얼굴을 돌리게 되지만 결사적으로 그 육혹에서 벗어나야 한다.

뜻이 있는 곳에 길이 있다고 자신 있는 마음이 있어야 자신 있는 타구가 탄생된다. 골프 스윙은 어떤 의미에서는 지나치리만큼 과학적인 데가 있다. 그립에서부터 스탠스, 공의 위치, 스윙 궤도 등, 이 모두가 설계도(기본)대로 진행돼야 한다. 설계도대로 행동(스윙)으로 옮기면 공은 목표 쪽으로 날아간다. 만일 미스샷이 나면 그 결과를 보고 잘못된 부분만을 교정하면 되는 것이다. 그러나 생각이 바뀔 때마다 스윙이 바뀌면 수천수만 가지 스윙으로도 모자랄 것이다.

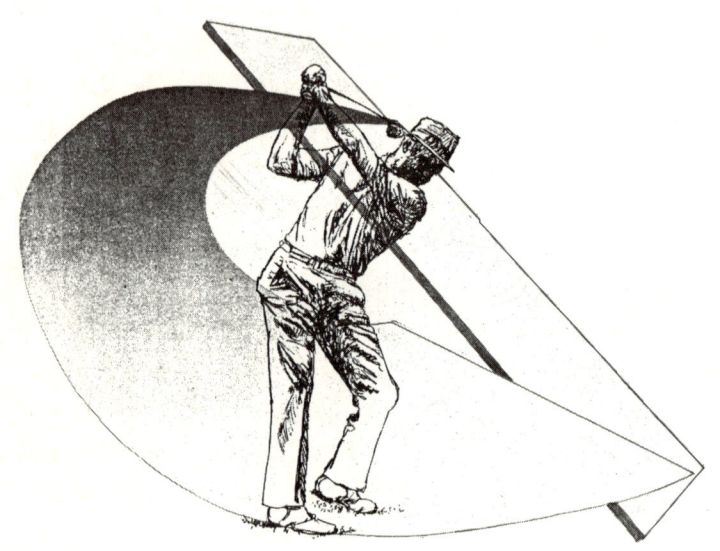

스윙 때 원운동의 원리를 이용하라

원운동의 원리를 무시한 스윙은 아무리 연습을 해도 바른 스윙을 할 수는 없다. 어떤 경우에도 연습을 많이 하게 되면 좋든 나쁘든 자기의 스윙 스타일로 스윙 폼이 굳어 버린다.

그러나 이것은 개성을 살린 스윙이 아니라 거리도 방향도 정확할 수 없는 미스샷만을 되풀이하는 팔운동에 지나지 않는다. 그러면서도 이런 골퍼가 많은 것은 바른 스윙을 배우기도 전에, 충분한 연습도 하지 않은 채 골프장으로 직행하는 성급한 오늘의 풍조에도 책임은 있다.

클럽 헤드에 공을 맞힐 수도 없는 초보자 시절부터 코스에 나가서 그것도 내기에 열을 올리는 도토리 키재기 같은 골프를 하게 되면, 어느 새 자기 특유의 변칙 타법(?)이 몸에 젖는다. 어떻게 해서라도 공에 클럽 헤드를 맞히는 것만으로 만족하는 스윙은 직선적이고 국부적인, 스케일이 작은 스윙이 되어 폴로스루도 피니시도 없는 오직 공을 맞히는 데 급급한 스윙이 되고 만다.

골프는 스윙부터 배워야 하지만 스윙을 배울 때 클럽 헤드로 공을 '맞힌다'든가 '때린다'는 생각은 백해무익한 일이다. 공을 '맞힌다'는 감각은 퍼팅이나 칩샷처럼 몸의 움직임이 작을 때에는 어느 정도의 의미가 있지만 스윙을 배우기 위해서는 아무 도움도 되지 못한다. 공을 '때린다'는 느낌은 자연스러운 움직임이 요구되는 스윙에서 필요 이상으로 몸을 굳게 할 뿐만 아니라 스윙 자체를 조잡하게 만든다.

스윙만 바르게 하면 공은 절로 맞는다

골프 스윙은 공을 '친다' 또는 '때린다' 아니면 공에 클럽 헤드를 '맞힌다'고 생각할 필요가 없다. 어드레스 때 공의 위치와 몸과의 거리를 결정하고 몸을 돌려서 클럽을 휘두르면 멎어 있는 공은 언제나 맞게 돼 있다. 이때 필요한 것은 바른 원을 그리는 스윙을 하는 것뿐이다. 그런 것을 공을 때린다거나 맞힌다고 하는 생각은 이치에 맞지 않는다.

스윙은 좋은데 공이 맞지 않으면 오히려 이상한 일이다. 결론부터 말하면 공이 맞아 날아가는 것은 골프채를 휘둘러 줌으로써 얻어지는 결과다. 초보자나 스윙에 자신이 없는 사람은 공을 때리는 순간 손이나 클럽을 잘못 조작하는 경향이 많다. 골프에서 스윙 하나만 바르게 하면 클럽과 공은 정확하게 맞게 된다. 그런 것을 야구의 타자처럼 날아오는 공을 맞히려고 몸이 따라가는 스윙을 하고 있으니 멎어 있는 공이 제대로 맞을 리 없다. 날아오는 공을 때리는 야구에서는 임기응변에 능한 몸의 움직임이 절대적으로 필요하지만, 땅 위에 멎어 있는 공을 때리는 골프는 공을 맞히려고 몸이 따라갈 필요는 없는 것이다.

그렇기 때문에 스윙을 할 때에는 공이 있다는 사실조차 잊어버려도 스윙만 바로 하면 공은 저절로 맞게 돼 있다. 공을 '때린다' 또는 '친다' 하는 표현상의 굴레에서 벗어나야 바른 스윙을 배우는 길이 열리게 된다. 세계를 주름잡는 유명 프로 골퍼의 기술도 근본적으로는 스윙의 원리에서 출발하고 있음을 알아야 할 것이다.

반복 훈련으로 감각을 길러라

안정된 스윙에는 하나의 흐름이 있다. 그래서 아무리 스윙이 나쁜 사람도 타이밍만 맞으면 그럭저럭 공을 맞힐 수 있다. 그러나 스윙의 기본을 어느 정도 몸에 익힐 때까지는 타이밍과 리듬에 맞는 스윙을 할 수가 없다. 그것은 초보자 시절에는 아무래도 부분적인 동작에 넋이 빠져서 스윙 동작에서 여유 같은 것 (부드러운 것)을 찾을 수 없기 때문이다. 스윙은 감각적이어야 한다는 말을 자주 듣는다. 이것은 많은 훈련(연습)을 통한 무의식중의 동작을 말한다.

모든 운동이 그렇듯 골프는 골프에 적합한 근육이 발달하기까지는 감각적인 스윙을 할 수가 없다. 머리로는 스윙 동작을 이해할 수 있어도 몸(근육)으로 한번에 많은 주문 사항을 정확하게 기억할 수 없기 때문이다. 결국 초보자의 골프 근육은 아직 유치원생이나 다름 없는 단계에 불과하다. 골프를 배우는 것은 마치 피아노를 배우는 것과 같다.

처음에는 건반을 보지 않고는 제 음계를 찾아낼 수 없어도, 어느 정도 숙련이 되면 손가락을 의식하지 않아도 음악 세계에 몰두할 수 있게 된다. 수준급의 골퍼가 되기 위해서는 본능적으로 빠른 스윙을 할 수 있을 때까지 습관적으로 몸이 움직일 수 있도록 해야 한다. 어드레스에서부터 피니시까지의 동작이 본능적으로 이뤄지면 타이밍과 리듬도 제대로 맞아 들어갈 것이다. 결국은 기본을 이해하고 반복하는 길만이 빠른 스윙을 할 수 있는 유일한 길임을 확인하게 될 것이다.

좋은 폼도 버릇들이기는 마찬가지

세살 버릇 여든 간다는 말이 있다. 그래서 습관은 제2의 천성이라고 하는가 보다. 골프에서의 습관은 좋든 나쁘든 빨리 몸에 스며든다. 그러다 일단 나쁜 버릇이나 결함이 몸 속에 들어오면 좀처럼 빠져나가지 않으며 교정하기도 어렵다. 아마추어 골퍼는 스윙이 제일이라고 강조했지만, 이것은 좋은 스윙보다는 잘못된 스윙이 하기 쉽다는 말은 아니다. 나쁜 스윙이 몸에 배기 쉬운 것이라면 좋은 스윙 폼을 만드는 것도 어렵지 않다는 사실을 골퍼(특히 초보자)들은 알아야 한다. '시작이 반'인 것처럼 골프를 배우는 초기에 좋고 나쁜 모든 것이 결정된다.

말할 것도 없이 스윙은 머리를 중심으로 한 원운동이다. 그렇기 때문에 스윙하는 동안 머리가 움직이면 (상하좌우로) 스윙 궤도가 어긋나서 정확하게 공을 맞히지 못하는 것은 당연한 일이다. 그러니 머리가 움직여서 좋을 리 없고, 공에서 눈을 떼서 나이스샷을 기대할 수도 없는 노릇이다.

연습장이나 코스에서 일반 아마추어 골퍼의 스윙을 보면 웬 개성(?)이 그렇게 강한지 그야말로 엉망진창이다. 머리도 몸도 움직이면 안 된다는 스윙의 기본 원리를 무시하는 사람이 얼마나 많은지 모른다. 원리를 따르기가 어려워서 그런 것은 아니다. 한결같이 처음에 잘못 배웠기 때문이다. 골프의 기본이나 이론은 하기 어려운 것을 강요하는 것은 절대로 아니다.

아마추어 골퍼가 스윙이 좋아야 하는 것은 무엇보다도 즐거운 골프를 하기 위해서다. 그래야 결과적으로는 스코어도 좋아지기 때문이다.

드라이버샷—퍼팅 스윙 원리는 한 가지

드라이버샷은 공을 띄워서 보다 멀리 보내는 데 목적이 있고, 퍼팅은 그린 위에서 처음부터 공을 굴리는 타법이다. 이 두 가지 타구 방법은 얼핏 보면 전혀 다른 동작처럼 보이지만 그 운동 원리는 같은 것이다. 이 사실을 모르거나 혼동하기 때문에 우드샷은 좋은데 아이언샷이 나쁘다든가 어프로치샷은 잘 되는데 퍼팅이 잘 안 된다는 말을 하게 된다.

스윙은 (적어도 그 원리에서만은) 드라이버샷에서 퍼팅에 이르기까지 시종일관 같은 것이라고 생각해야 한다. 폭이 50야드 이상이나 되는 페어웨이를 목표로 삼는 드라이버샷도 불과 10㎝ (4.125인치) 남짓한 홀컵을 겨냥하는 퍼팅도 스윙이나 타구 방법은 같은 원리에서 출발한다.

드라이버샷이 클럽 페이스와 목표선이 직각인 상태에서 공을 맞혀야 하듯, 퍼팅도 홀컵과 공을 연결하는 퍼팅 라인에 퍼터 페이스가 직각이 되도록 공을 맞혀야 공은 퍼팅 라인을 따라 홀컵 속으로 들어간다. 물론 스윙의 크기나 힘이 거리에 맞았을 때를 두고 하는 말이다. 이것은 퍼팅 라인에 대해 퍼터 헤드가 직각으로 움직이는 동작이 방향성으로 이어지고 공을 맞힐 때의 퍼터 헤드의 스피드가 힘으로 나타나 거리를 결정짓게 된다.

이 간단한 운동 원리를 그대로 행동 반경을 넓혀서 스케일을 크게 하면 바로 그것이 드라이버샷의 풀스윙이 되는 것이다. 스윙은 그립을 잡은 두 손이 시야에서 멀어질수록 (스윙이 클수록) 어려워지기 때문에 스윙의 크기에 따라 그 원리가 다른 것처럼 보일 뿐이다.

초보자는 과잉 친절에 조심하라

인심이 좋기로는 우리나라가 세계 제일일 게다. 낯 모르는 사람에게도 술 한 잔, 담배 한 대쯤 권하는 미덕은 어디서나 볼 수 있다. 그런데 골프를 배우기 시작하면 웬 스승(?)이 그렇게도 많은지……. 10명이 연습공을 치고 있으면 9명이 스승이다. 왜 1명은 빠졌는가. 나머지 1명은 바로 자기 자신이기 때문이다.

골프를 배우면 기량이 늘기도 전에 이것저것 아는 척하고 싶어진다. 아마 이것은 골프를 하는 사람들의 또다른 즐거움일 수도 있을 것이다. 골프는 매우 합리적이고 이론적인 운동이기 때문에 알 수 없는 이론까지도 배워야 하고 (대부분 요령에 불과하지만), 기회만 있으면 그것을 누구에게나 말하고 싶어지는 것이 골퍼의 본능 같은 것이다. 어쨌든 초보자 시절에는 이런 인심 좋은 이론가(?)의 표적으로 찍히게 된다. 스승 되기를 자청하는 사람들은 자기가 밟아온 잘못을 남들도 저지르는 것 같아서 그냥 지나칠 수만은 없는가 보다.

한편 초보자 쪽은 어떤가. 조금이라도 기량이 늘고 싶은 심정이어서 이런 호의(?)에 말려들게 된다. 그러나 이 같은 과잉 친절이 결코 초보자의 골프를 도와주지는 못한다. 도움이 안 될 뿐만 아니라 때로는 잘못된 이론을 강매하는 현상까지 일어나서, 기껏 알 만하던 요령이 오히려 혼동 속에 빠져 골프 자체가 엉망이 되는 일까지 일어난다. 그것은 이론을 아직은 제대로 소화하지 못하고, 설사 알고 있다 하더라도 가르치는 방법이 서툴기 때문이다.

더욱더 위험한 것은 자기 스타일에 상대방을 끼워 맞추려는 데 큰 문제가 있는 것이다. 그것이 요령이건 기술이건 골프를 제대로 배우려면 직업 골퍼에게서 배워야 하고, 이것을 소화할 줄 아는 본인의 노력도 있어야 할 것이다.

슬라이스, 훅

─Slicing & Hooking─

공을 직각으로 맞혀라

미스샷은 그 종류만큼이나 원인도 가지가지다. 슬라이스도 예외는 아니다. 슬라이스는 공을 깎아 치는 것이 그 주된 원인이다. 이것은 클럽 헤드가 목표선 바깥쪽에서 안쪽으로 내려오는 스윙 궤도다.

그러나 공을 어느 정도 칠 수 있게 되면 이번에는 슬라이스를 의식해서 클럽 헤드를 안쪽에서 바깥쪽(Inside-to-Out)으로 내던지려고 클럽을 몸 안쪽으로 바짝 끌어당기면서 윗몸을 치켜올린다. 이때 그립 끝은 목표선 오른쪽 밖으로 빠져 나간다. 이대로 공을 맞히면 클럽 페이스가 열린 채 공을 맞히기 때문에 역시 공은 깎이면서 슬라이스가 난다. 즉 인사이드아웃의 스윙 궤도에서도 슬라이스는 나는 것이다. 초보자뿐만 아니라 중견 골퍼까지도 슬라이스 때문에 시달리는 것은 바로 이런 이유 때문이다. 아웃사이드인으로도 안 되고 인사이드아웃으로도 안 되니……. 그러면 어떻게 해야 된단 말인가. 스윙은 자연스러운 흐름 속에서 자연스럽게 움직이는 동작이어야 한다. 자기 몸에 적합한 스윙 평면을 따라 클럽을 던져 주면 되는 것이다.

그렇지만 플레이어 자신이 생각하는 스윙 평면대로 클럽을 휘두르면 아무래도 지나친 인사이드아웃의 궤도가 되기 쉽다. 물론 이것은 착각에 지나지 않는다. 그러면서도 일반적으로 인사이드아웃의 스윙 궤도를 강조하는 것은, 스윙하는 동안 클럽 페이스의 방향이 공을 직각으로 맞힐 수 있는 상태에 있는가 아닌가를 확인하기 위해서다. 거리는 제쳐 놓더라도 공을 직각으로만 맞히면 공은 똑바로 날아가게 된다.

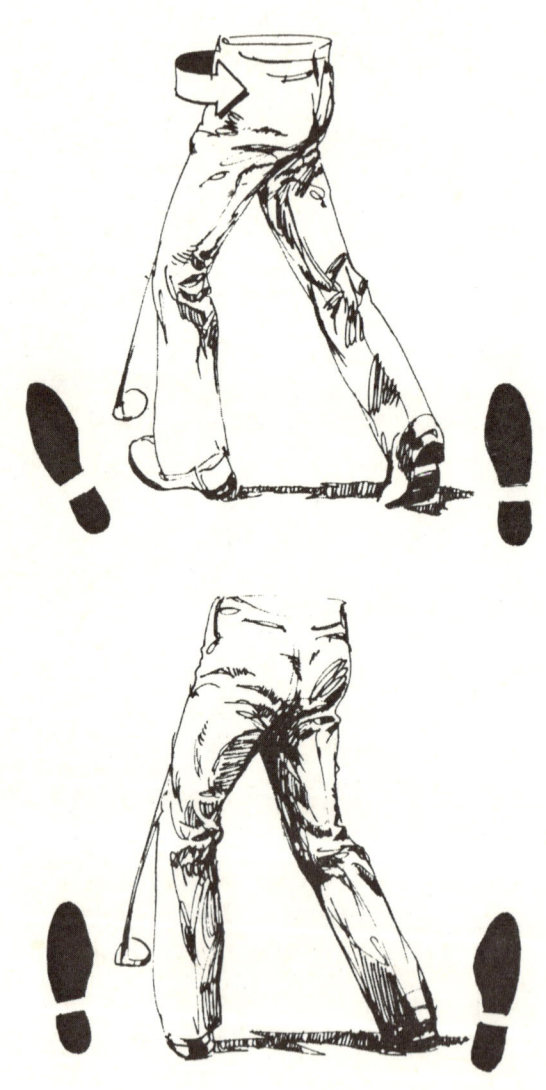

발끝—목표선 직각 이뤄야 슬라이스 안 나

스탠스와 관련된 슬라이스는 오픈 스탠스만이 원인이라고 할 수는 없다. 스탠스의 발끝 방향에 의해서도 슬라이스는 난다. 정상적인 스퀘어 스탠스에서는 왼발 끝을 약간 왼쪽으로 벌리지만, 왼발 끝이 열려 있으면 설사 두 발의 연결선이 목표선과 평행이 된 스퀘어 스탠스라 하더라도 왼쪽 무릎이 열리면 이것 때문에 허리가 빨리 열려서 슬라이스가 나게 된다.

슬라이스를 막는 열쇠는 얼마만큼 허리를 열지 않고 공을 맞힐 수 있느냐에 달려 있다. 그렇기 때문에 허리가 열리게 되는 동작의 원인을 모두 제거해야 하는 것이다. 왼발 끝이 열려서 슬라이스가 나면 발끝 방향을 목표선과 직각이 되게 하면 된다.

그렇지만 이 방법은 슬라이스가 교정된 후에는 반대로 혹의 원인이 되기도 하기 때문에 언젠가는 다시 수정하지 않으면 안 된다는 것도 잊어서는 안 된다. 더욱이 왼발이 슬라이스의 원인이 되기 때문에 공을 맞히는 순간만은 확실하게 제자리를 밟아줘야 한다. 그렇지 않으면 골프에서 말하는 '왼쪽 벽'을 쌓지 못해 허리가 열리게 된다. 이 '벽'이란 왼쪽 다리와 왼쪽 허리가 주축이 돼서 밖(왼쪽)으로 빠지는 힘을 막아주는 역할을 한다.

스윙은 뭐니뭐니해도 하반신이 안정되지 않으면 왼발이나 왼쪽 허리가 허술해져서 공을 맞히는 순간 힘이 밖으로 빠지고 만다. 오른쪽에서 왼쪽으로 클럽을 내려끄는 힘을 받쳐 주는 벽이 있을 때 비로소 슬라이스도 사라지게 될 것이다.

뒤꿈치가 들리면 슬라이스 난다

슬라이스의 원인은 그립, 어드레스, 스탠스, 스윙에 이르기까지 그 종류도 다양해서 한 방으로 슬라이스를 고친다는 것은 거의 불가능한 일이다. 그렇지만 묘책 한 가지만을 꼽는다면 몸을 쓰지 않는 것뿐이라고 말할 수 있을 것이다.

스윙이란 동작은 아무래도 몸을 많이 움직이게 된다. 다운스윙 때 지나치게 몸을 많이 쓰게 되면 허리가 열려서, 클럽 헤드가 목표선 밖에서 안으로 들어오는 스윙을 하게 되거나 클럽 페이스가 열린 채 공을 맞히게 된다. 그래서 몸을 멎게 할 수만 있다면 슬라이스를 막는 확률은 제법 높아질 것이다.

그렇지만 슬라이스가 몸에 배어 있는 사람에게 몸을 쓰지 말라고 한다면 이것 또한 여간 어려운 일이 아니다. 그것은 몸 어느 부분을 어떻게 멈추는지를 모르기 때문이다. 여기서 몸을 멈추는 (덜 쓰는) 방법을 찾아내면 슬라이스를 방지하는 방법도 알아낼 수 있을 것이다. 그것은 다운스윙 때 오른발을 주의 깊게 살펴보는 일이다. 즉 다운스윙 때 오른발 뒤꿈치가 빨리 들리면 몸을 움직이는 원인이 되기 때문에 이것을 임팩트까지 참으면 하반신이 열리는 것을 방지할 수 있다.

오른발 뒤꿈치가 지면에 붙어 있으면 왼쪽 허리가 열리는 것을 억제하는 결과가 된다. 이렇게 하반신을 고정시킨 상태에서 평소처럼 팔을 휘두를 수 있으면 몸 정면에서 공을 맞힐 수 있다. 그러면 스윙 궤도도 목표선과 직각을 이뤄 슬라이스를 방지할 수 있을 것이다.

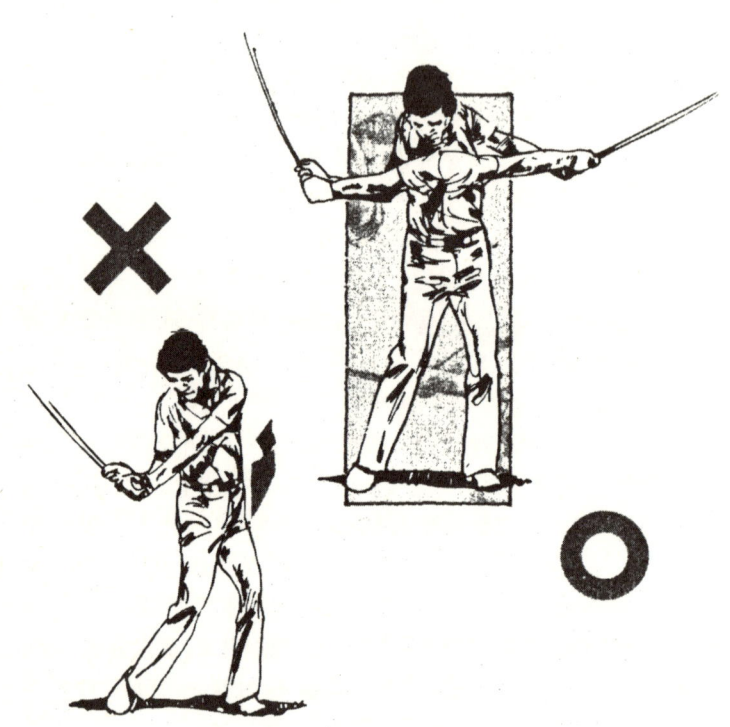

허리가 빨리 열리면 슬라이스 난다

기본대로 어드레스를 해도 슬라이스가 나는 사람은 많다. 그것은 스윙 동작에 잘못이 있기 때문이다. 그 전형적인 예를 허리가 빨리 열리는 스윙에서 찾아볼 수 있다. 스윙은 몸을 좌우로 움직이는 동작이지만, 공을 맞히는 순간만큼 어드레스 자세에서 공을 맞혀야 공은 똑바로 날아간다. 그렇지만 일반적으로는 다운스윙의 빠른 동작에 끌려 허리가 목표 쪽으로 열리게 된다. 그러면 어깨도 열리고 공을 맞히는 순간 클럽 페이스도 열려서 슬라이스가 난다.

이것은 스윙 궤도상의 문제지만, 이 밖에도 심리적인 영향 때문에 슬라이스가 나는 경우도 있다. 즉 공을 때려야겠다는 의욕이 강하면 오히려 몸 동작이 빨라져서 타이밍을 잃게 된다.

이런 때에는 몸 정면에서 공을 맞힌다고 생각하고 올라간 클럽(백스윙)을 몸을 쓰지 않고 끌어내리기만 해도 공을 정확하게 맞힐 수 있다. 공은 몸으로 때릴 때 가장 멀리 날아가지만, 오히려 그 자리에서 기다렸다가 팔만으로 때린다고 생각하면, 허리가 빨리 열려서 일어나는 슬라이스를 방지할 수 있을 것이다. 이것을 위한 해결 방안은 평상시 자신의 타이밍보다도 스윙이 빨라지는 일이 없도록 심리적인 치유법을 쓰는 일이다. 다시 말하면 허리가 열려서 슬라이스 나는 일은, 공을 세게 때려야겠다는 지나친 의욕에서 파생되는 심리적인 측면 외에도 오른발이나 왼발의 잘못된 움직임에서 유발되는 경우도 있다. 말하자면 하반신의 안정 없이는 어떤 스윙도 공을 곧바로 보낼 수 없다.

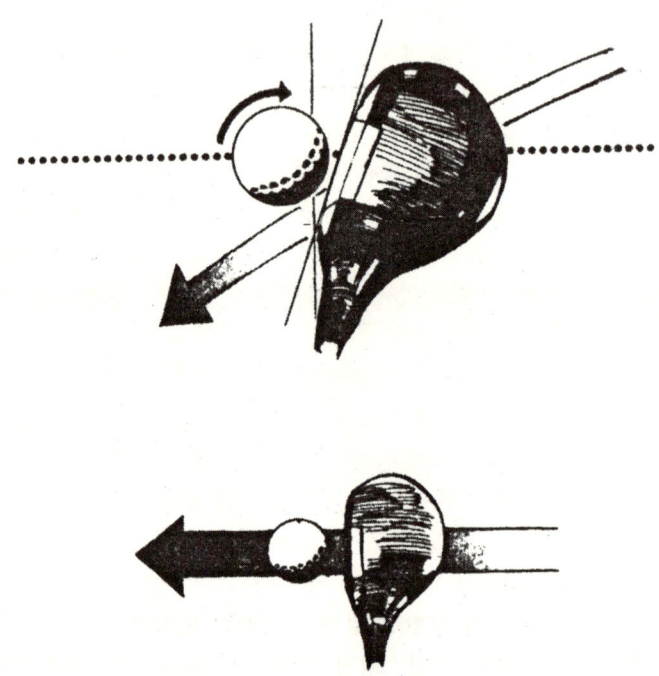

슬라이스 떨쳐야 장타 칠 수 있다

장타에 대한 염원도, 이를 해결해 주는 비결도 슬라이스에서 벗어나지 못하면 이뤄지지 않는다. 뿐만 아니라 핀에 달라붙는 어프로치샷의 기술도 직구를 칠 줄 알아야 해결되는 기술이요 요령이다.

슬라이스는 초보자에게만 나타나는 것으로 착각하는 고질병이지만, 골프 경력 10년, 20년이 넘어도 슬라이스를 떨쳐 버리지 못한다면 영원한 불치의 병이 된다. 사람이 태어나면 반드시 겪어야 하는 홍역처럼, 골프를 배우면 어김없이 거쳐야 하는 슬라이스는 전혀 거리가 나지 않는 것이 특징이다. 그것은 클럽 페이스가 열린 채 깎여 맞으면 클럽 헤드의 힘이 약해져서 이중으로 손해를 보게 되기 때문이다. 공을 맞히는 순간 클럽 페이스가 열리면 클럽 헤드가 움직이는 힘의 방향이 일치하지 않아 공이 직각으로 맞지 않으며 힘이 밖으로 달아나게 된다. 이 두 가지 이유 때문에 타구 거리는 눈에 띄게 줄어든다.

더욱이 슬라이스가 심한 스윙은 다운스윙 때 오른쪽에서 왼쪽으로의 체중 이동이 자연스럽게 이뤄지지 않는 것이 일반적인 특징이다. 설령 체중 이동이 된다 해도 상반신과의 균형이 맞지 않아 클럽 헤드의 스피드가 살아나지 않는다. 이와는 반대로 훅은 클럽 페이스가 공을 감싸면서 맞히기 때문에 다운스윙 때 가속된 클럽 헤드의 스피드가 줄어들지 않고 그대로 공에 전달되기 때문에 타구의 힘도 강해져서 타구 거리가 길어지게 된다. 그래서 거리를 내려면 훅성 구질이 제격이라고는 하지만 글쎄, 직구만 하라……

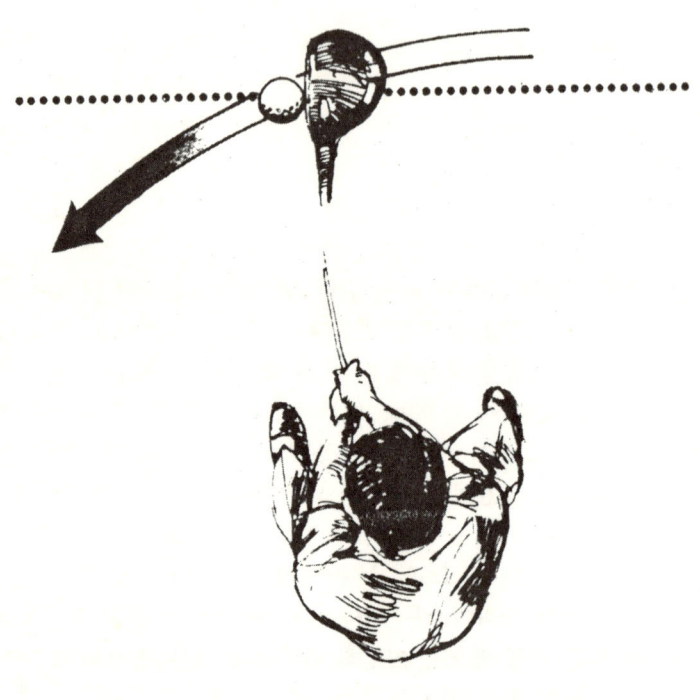

스윙 궤도는 구질을 결정한다

초보자의 구질은 왜 오른쪽으로 휘는 바나나볼(슬라이스)이 되는 것일까. 슬라이스에는 똑바로 날아가다 오른쪽으로 휘는 구질이 있는가 하면, 처음부터 오른쪽으로 날아가다 오른쪽으로 휘는 구질도 있다.

초보자는 어떤 이유에서든 클럽 헤드가 목표선 밖에서 안으로 들어오는 아웃사이드인(Outside-to-In)의 스윙 궤도를 그리기 때문에 공을 깎아 쳐서 오른쪽으로 회전하는 스핀이 걸리게 된다. 그러므로 공은 심하게 오른쪽으로 날아갈 수밖에 없다. 그렇기 때문에 초보자들의 공은 극단적으로 왼쪽을 보고 때려도 왼쪽으로 날아가는 일은 없다. 이런 필수 과정을 거쳐 각고의 노력 끝에 어렴풋이 스윙이라는 것을 알게 되면 왼팔을 엎는다(Turnover)는 말뜻도 알게 된다. 그제서야 비로소 공은 비교적 바로 맞게 된다.

그렇지만 스윙 궤도가 변함없이 아웃사이드인 되면 공은 우회전이 걸리면서 슬라이스는 계속된다. 하지만 어쩌다 손이 제대로 엎어지면 스윙 궤도는 여전히 아웃사이드인이면서도 혹 아니면 처음부터 왼쪽으로 날아가는 경우도 있다. 그래서 어느쪽을 보고 때려야 할지조차 몰라 드디어 감당키 어려운 벽에 부딪히게 된다. 이처럼 슬라이스는 항상 클럽 페이스가 공을 빗맞힐 때 일어나게 된다. 물론 힘없이 때리는 스윙(여성 골퍼)이나 스윙 자체가 작은 숏게임에서 슬라이스는 일어나지 않는다.

지나치게 손을 비틀면 훅이 난다

일반적으로 아마추어 골퍼는 슬라이스와 훅에 시달리면서 기량이 늘고, 울고 웃는 골프 인생을 살아가게 된다. 초보자 시절 그렇게도 슬라이스 때문에 고생 고생하다가 온갖 노력 끝에 슬라이스가 사라지면, 이번에는 훅(Hook)이라는 불청객이 찾아온다. 그것은 의식적으로 훅이 나는 타법으로 슬라이스를 교정하기 때문이다.

그렇지만 훅은 어느 정도 공을 칠 줄 아는 사람에게는 필연적으로 찾아오는 구질이다. 그래서 훅이 나기 시작하면 골프 기량이 느는 증거라고 자위(?)까지 하게 된다. 훅도 미스샷임에는 틀림없는데 말이다……. 훅은 슬라이스와 반대로 클럽 페이스가 빨리 돌아갈 때 일어나는 현상이다. 공을 때리는 것은 물론 오른손이지만, 오른손잡이가 공을 세게 치려고 오른손을 쓰면 쓸수록 클럽 페이스가 빨리 돌아가서 훅이 나게 된다. 그런 의미에서 아무 생각 없이 평범하게 내던지는 스윙이 훅이 나는 것이라면, 훅은 스윙의 안정을 찾아가는 마지막 단계라고 말할 수도 있을 것이다.

슬라이스와 훅은 종이 한 장 차이다. 슬라이스를 고치다 보면 훅이…… 훅을 고치다 보면 이번에는 슬라이스가……. 그렇기 때문에 슬라이스나 훅은 모두 직구를 때릴 줄 알아야만 고쳐지는 불치의 병(?) 같은 것이다. 어디 아마추어 골퍼뿐이랴……. 프로 골퍼까지도 훅이 무서워 이것 저것 연구 끝에 대성하는 사람이 얼마나 많은지 모른다. 특히 남달리 힘이 강한 구미 선수들은 훅을 방지하는 타법 개발이 프로 선수로서 대성하는 길이라는 것을 절실히 느끼고 있는 것이다.

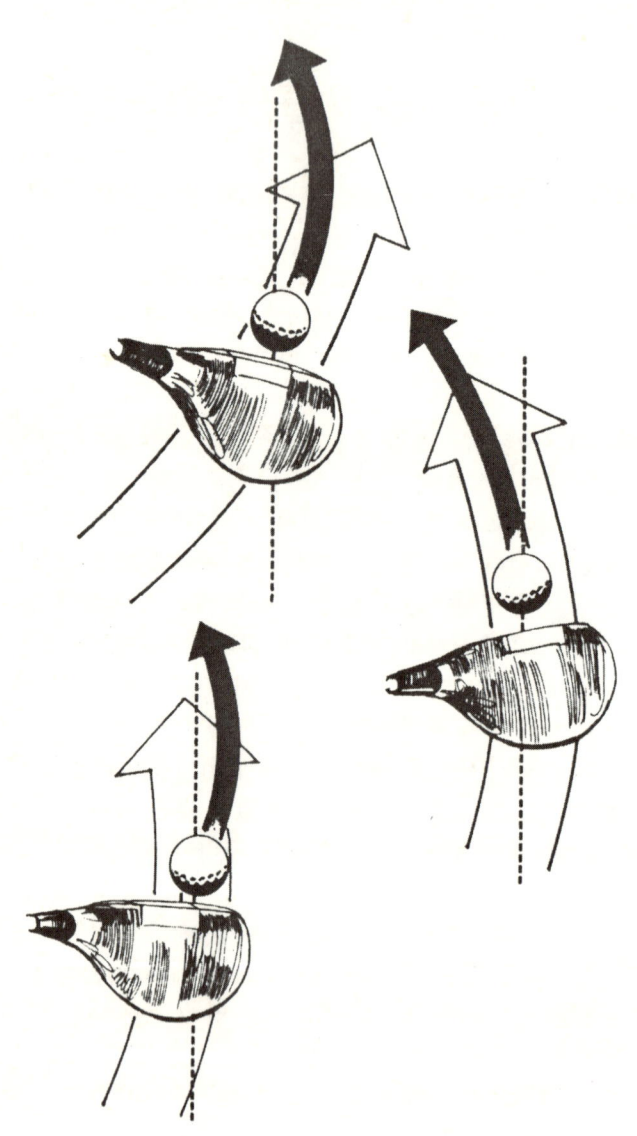

오른손 힘 너무 강해도 훅이 난다

어떻게 하면 훅을 고칠 수 있을까 하고 걱정하기 전에, 왜 훅이 나는지 그 원인을 살펴보는 것이 순서일 것이다. 구질을 따지자면 훅은 슬라이스와는 정반대의 구질이기 때문에 그 원인도 슬라이스의 반대라고 생각하면 틀림없다.

슬라이스가 목표선 밖에서 안으로 들어오는 아웃사이드인의 스윙 궤도 때문이라면, 훅은 이와 반대로 안쪽에서 밖으로 나가는 인사이드아웃의 스윙 궤도라고 말할 수 있을 것이다. 즉 클럽 헤드가 목표선 안쪽에서 밖으로 나가는 순간에 공을 맞히기 때문에 몸 쪽에서 밖으로 훅 회전이 걸리게 된다. 두번째 훅이 나는 경우는 클럽 페이스가 닫힌 채 공을 맞히는 경우다. 이것은 공을 맞히기 직전 클럽 페이스가 돌아가는 타이밍이 빨라서 공을 감아치기 때문이다. 훅이 나는 또 다른 원인은, 클럽 페이스 뒤쪽(Heel)에 공이 맞으면 슬라이스가 나는 것처럼 공이 클럽 페이스 앞쪽(Toe)에 맞으면 훅이 난다.

이상의 3가지 원인 때문에 훅이 나게 되지만, 훅은 슬라이스처럼 어드레스나 스윙 자체에 문제가 있는 것은 아니고 그 원인은 비교적 단순하기 때문에 고치기도 쉽다. 공은 오른손으로 때려야 제 거리가 다 나게 마련이다. 공을 웬만큼 칠 줄 알아야 오른손으로 때리게 된다. 그렇지만 왼손보다 지나치게 오른손이 강하게 작용하면 훅이 나기 시작한다. 그래서 훅이 나면 초보자 신세를 면하게 되는 증거라고 생각해도 좋을 것이다.

어깨선과 목표선은 평행이 되게 하라

슬라이스와 마찬가지로 훅도 그 원인을 어드레스에서 찾아볼 수 있다. 슬라이스를 교정하면서 그립을 엎어 잡으면 어느 정도 슬라이스는 고쳐지지만, 스윙이 안정되면서 이번에는 훅이 난다. 이것은 아무리 스윙이 기본에 충실하고 공을 맞힐 때 클럽 페이스가 정확하게 돌아가도 그립을 엎어 잡으면 공을 끌어당기게 된다.

그래서 아마추어 골퍼의 모든 것은 스퀘어가 기본이라고 했다. 이런 때에는 왼손 그립을 왼쪽으로 틀어서 스퀘어 그립으로 바꿔 잡아야 한다. 또 스탠스도 오른발이 뒤로 빠지는 클로즈드 스탠스(Closed Stance)를 목표선과 평행이 되는 스퀘어 스탠스로 바꾸는 것이 좋다. 또 발끝 방향도 문제가 된다. 왼발 끝이 목표선과 직각이 되는 다운스윙 때 허리의 회전을 방해하게 되어 훅이 나게 된다. 그래서 왼발 끝을 약간 열어서 허리가 쉽게 돌아가도록 해주면 공은 똑바로 날아가게 된다.

어떤 경우도 훅은 몸이 늦게 돌아갈 때 일어나게 된다. 그렇기 때문에 다운스윙 때 허리의 회전을 저지하는 요소들을 모두 제거하거나 수정할 필요가 있다. 또 어드레스 때 왼쪽 어깨가 앞으로 나오고 오른쪽 어깨가 뒤로 처지면 이것도 훅이 나게 되는 스윙이 된다. 이때에도 어깨의 선과 목표선이 평행이 되게 해서 정상적인 스윙 궤도를 그릴 수 있도록 수정해야 한다. 이렇게 해서 의도적으로 훅이 나는 타법을 제외하고는 모든 타구가 직구로 이어지는 타법으로 고쳐져야 할 것이다.

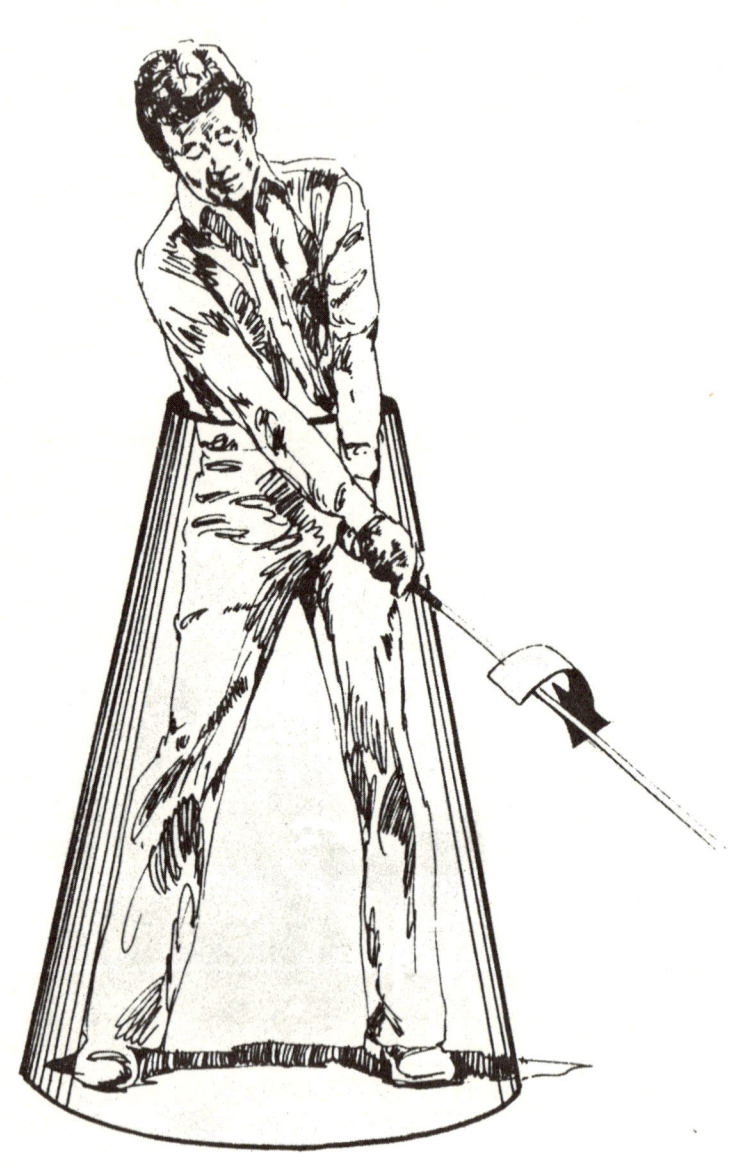

몸보다 팔이 빨리 움직이면 훅이 난다

슬라이스든 훅이든 본인은 그 원인을 모른다. 그래서 미스샷이 태연하게, 아주 자연스럽게(?) 날 수밖에 없는 것이리라.

일반적으로 훅공을 치는 사람(엄밀하게 말하면 훅공을 치는 것이 아니라 훅이 나는 사람)은 몸보다 팔이 빨리 움직이는 사람에게 많다. 백스윙 때 꼬였던 몸이 다운스윙이 시작되면서 자연스럽게 풀리지 못하고 두 팔이 먼저 내려와서 클럽 페이스가 엎어진 채 공을 맞히게 되어 훅이 나게 된다. 이것은 어드레스 때 이미 몸을 풀어주는 동작을 막는 자세를 하고 있거나 공을 정확한 위치(어드레스 자세)에서 때리는 것 같아도 실제로는 스윙 궤도가 지나친 인사이드아웃(Inside-to-Out)이 되는 때가 많다.

그러나 아무리 어드레스가 잘 돼 있어도(스퀘어) 스윙하는 동안 몸과 팔의 균형이 맞지 않아 훅이 나는 경우도 있다. 팔은 정확한 타이밍으로 끌어 내려온다 해도 꼬였던 몸을 풀어주는 동작이 늦거나 아예 멎어 버리면 팔만 앞으로 달아나면서 공을 감아 치게 되어 훅이 나게 된다. 이런 사람은 비교적 몸이 딱딱한 사람에게 많다. 그래서 골퍼의 몸 가꾸기에는 유연성을 기르는 것이 으뜸이라고 했다. 몸이 굳어 있으면 몸을 돌리기 어렵고 회전이 작아져서 팔에만 의존하는 스윙이 되기 때문이다. 공을 날라주는 힘은 스윙도 스윙이지만 허리와 무릎의 힘이 절대적인 역할을 한다. 유연한 허리와 무릎, 좀더 무릎을 부드럽게 써서 허리가 쌩쌩 돌아갈 수 있도록 해야 할 것이다.

오버 스윙은 슬라이스나 혹의 원인

혹은 몸과 팔이 제각기 움직일 때, 즉 타이밍이 맞지 않으면 일어난다고 했다. 그런 의미에서 오버 스윙은 슬라이스나 혹과 같은 미스샷이 나기 쉬운 타입이라고 말해도 좋을 것이다.

오버 스윙이란 백스윙에서 다운스윙으로 옮겨가는 시간차가 너무 길어서 이것이 오히려 스윙 동작의 불균형을 낳게 되어 미스샷이라는 결과로 이어지게 된다. 이때 몸이 빨리 움직이면 슬라이스가 되고, 반대로 손(팔)이 빨라지면 혹이 나게 된다. 어느 쪽이나 백스윙의 정점(Top of Swing)을 경계선으로 해서 몸과 팔이 따로따로 움직일 때 (타이밍이 맞지 않을 때) 일어나는 현상이다.

톱 오브 스윙은 그립을 잡은 두 손이 공에서 멀리 떨어지는 것이 이상적이라고 한다. 이것은 공을 가장 힘 있게 때리기 쉬운 곳이기 때문이다. 야구에서는 타자가 처음부터 톱 오브 스윙의 자세에서 타구 자세를 잡게 되지만, 이것은 타자 자신이 가장 힘 있게 때릴 수 있는 위치를 만들어낸 것이라 할 수 있다. 골프 스윙도 이와 마찬가지다.

백스윙은 공을 가장 힘 있고 정확하게 맞힐 수 있는 위치에 머무르게 하면 되는 것이다. 필요 이상으로 톱 오브 스윙의 위치가 멀어지면 그것이 소위 오버 스윙인 것이다. 골프 스윙은 톱 오브 스윙에서 손목이 꺾이기 때문(코킹)에 다소 스윙이 커지는 듯한 인상을 받게 되지만, 그립을 잡은 두 손의 위치가 확실하게 공을 때릴 수 있는 위치에 머물러 있지 않으면 안 되는 것이다.

스윙 궤도 밋밋하면 훅이 난다

실전 경험이 있는 사람이라면 발끝이 높은 라이(Lie)에서는 훅이 나기 쉽다는 것을 알고 있을 것이다. 스탠스보다 공이 높은 곳에 있으면 공이 왼쪽으로 휘는 스윙이 될 수밖에 없기 때문이다. 그것은 이런 상황에서는 자연히 플랫 스윙이 되기 때문이다. 그래서 훅과 플랫 스윙과는 깊은 관계가 있는 것이다. 일반적으로 키가 작은 사람은 플랫 스윙이 자연스러운 스윙이지만, 이때의 훅은 클럽 페이스가 엎어진다기보다는 클럽 페이스의 로프트에 의해서 일어나게 된다. 이것은 스윙 궤도가 밋밋하면(Flat Swing) 어드레스 때 이미 클럽 헤드의 밑부분(Sole)이 지면에 밀착하지 않고 앞끝(Toe)이 들리게 된다.

어드레스 때 클럽 페이스를 목표선과 직각이 되게 놓아도 클럽 끝이 들리면 클럽 페이스의 방향은 목표 왼쪽을 보게 된다. 이대로 스윙을 하면 당연히 공은 끌어당겨져서 왼쪽으로 휘는 훅이 된다. 또 티를 높이 꽂으면 훅이 나기 쉽다는 것도 클럽의 구조(클럽 페이스의 로프트)와 플랫 스윙에서 파생되는 같은 이치에서다.

이렇게 스윙 궤도가 밋밋해서 훅이 나는 사람은 좀더 공 쪽으로 가까이 서서 클럽 헤드를 위로 치켜올리는 스윙(업라이트 스윙)으로 바꾸면 공이 지나치게 왼쪽으로 휘지는 않을 것이다. 공이 좌우로 휘는 것은 그 구질 자체가 나쁜 것이 아니라, 때로는 슬라이스가 때로는 훅이 되어 구질이 일정치 않아 타구 방향을 예측할 수 없는 어려움이 있기 때문이다.

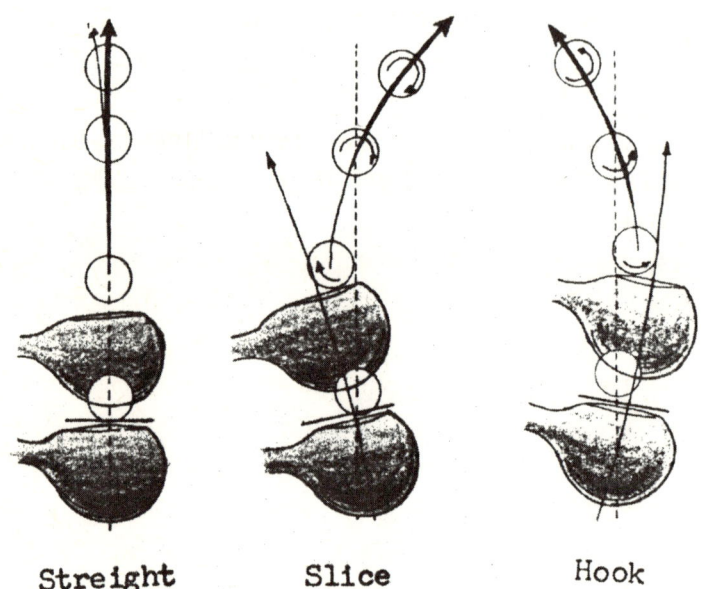

Streight   Slice   Hook

타구 방향은 스윙 궤도 클럽면이 좌우

공이 날아가는 순간의 방향은 공을 맞히는 순간의 클럽 헤드의 방향(스윙 궤도)대로 날아가고, 공이 마지막으로 떨어지는 방향(이것이 타구에서는 가장 중요하다)은 공을 맞힐 때의 클럽 페이스의 방향대로 날아간다. 물론 직선으로 날아가는 공은 스윙 궤도와 클럽 페이스의 방향이 완전히 목표선과 일치할 때만 가능하다.

공이 휘는 원인은 스윙 궤도를 기준으로 크게 두 가지로 구별할 수 있다. ① 아웃사이드인(Outside-to-In)의 경우는 슬라이스(Slice), 풀(Pull), 풀드 훅(Pulled Hook) 등 3종류의 구질로 나타나고, ② 인사이드아웃(Inside-to-Out)의 궤도에서는 대표적인 훅(Hook)과 푸시(Push), 푸시트 슬라이스(Pushed Slice) 등 3종류의 구질로 나타난다. 푸시는 밀어쳐서 오른쪽으로 날아가는 직구이고, 풀은 왼쪽으로 끌어당길 때 생기는 직구이다. 이들은 방향만 나쁠 뿐이지 구질이 나쁜 것은 아니다.

그러나 푸시트 슬라이스는 슬라이스와 푸시보다 좀더 오른쪽으로 휘는 구질로, 이것은 클럽 페이스가 열린 채 공을 맞히기 때문이다. 풀드 훅은 이와는 정반대로 클럽 페이스가 엎어진 채 공을 맞히기 때문이다. 어느 것이나 흔히 말하는 지독한 슬라이스와 악성 훅이다. 이런 구질은 스윙 궤도나 클럽 페이스의 방향이 흐트러져 있는 것이 큰 원인이다. 이 같은 악성 타구는 힘이 가해질수록 결과는 심한 쪽으로 나타난다. 도통한 골퍼의 페이드 볼(Fade Ball)과 드로 볼(Draw Ball)은 슬라이스와 훅을 조절한 타구로서 거의 직구와 같은 환상의 타구다.

뜸들이지 않는 것도 에티켓

신사의 스포츠로 대표되는 골프는 룰이 엄격하기로 유명하지만, 그 중에서도 유독 에티켓을 존중하는 유일한 스포츠다. 골프 규칙 제1장에는 에티켓에 관한 여러 가지 사항을 나열하고 있지만, 에티켓이란 한 마디로 말해서 다른 사람에게 괴로움을 주지 않는 마음씨와 행동이다. 이것이 플레이 중에 나타날 때 비로소 골퍼로서의 긍지가 있는 것이다.

골프를 사랑하는 사람이라면 누구나 이 정도의 상식은 있을 테지만, 플레이 중에 이런 예의가 꼭 지켜지고 있는가를 반문한다면 꼭 그렇다고 답변할 수 없는 것이 오늘의 현실이다. 그렇다면 왜 다른 사람을 괴롭히고 폐를 끼치게 되는 것일까.

겨울철은 코스 나들이가 조금은 뜸해지는 계절이다. 지나간 플레이를 회상하면서 잘못된 일들을 냉정하게 반성해 보는 것도 기량 향상 못지 않게 큰 의의가 있을 것이다.

에티켓이라고 하면 흔히 기량의 부족을 결부시켜 생각하는 사람이 많지만 오히려 이것은 2차적인 문제다. 기량은 다소 떨어져도 매너가 좋은 사람은 얼마든지 있다. 기량이 미숙하더라도 플레이만 빨리 하면 우선 다른 사람을 괴롭히는 일은 없다.

골프는 기술의 미숙보다는 느린 플레이가 훨씬 더 남을 괴롭힌다는 것을 대변하는 말이다. 신중하게 플레이하는 것까지야 뭐라 말할 순 없어도, 타구마다 뜸을 들여서 많은 시간이 걸린다면 이것은 꼭 시정돼야 할 매너다. 또 자신의 기량 이상으로 무리한 플레이를 해서도 안 된다. 요행을 바라는 타구나 분수를 모르는 공격 같은 지나친 욕심은 남을 괴롭힐 뿐만 아니라 자기 자신에게 결코 도움이 안 된다는 것을 알아야 할 것이다.

더핑, 토핑
Duffing & Topping

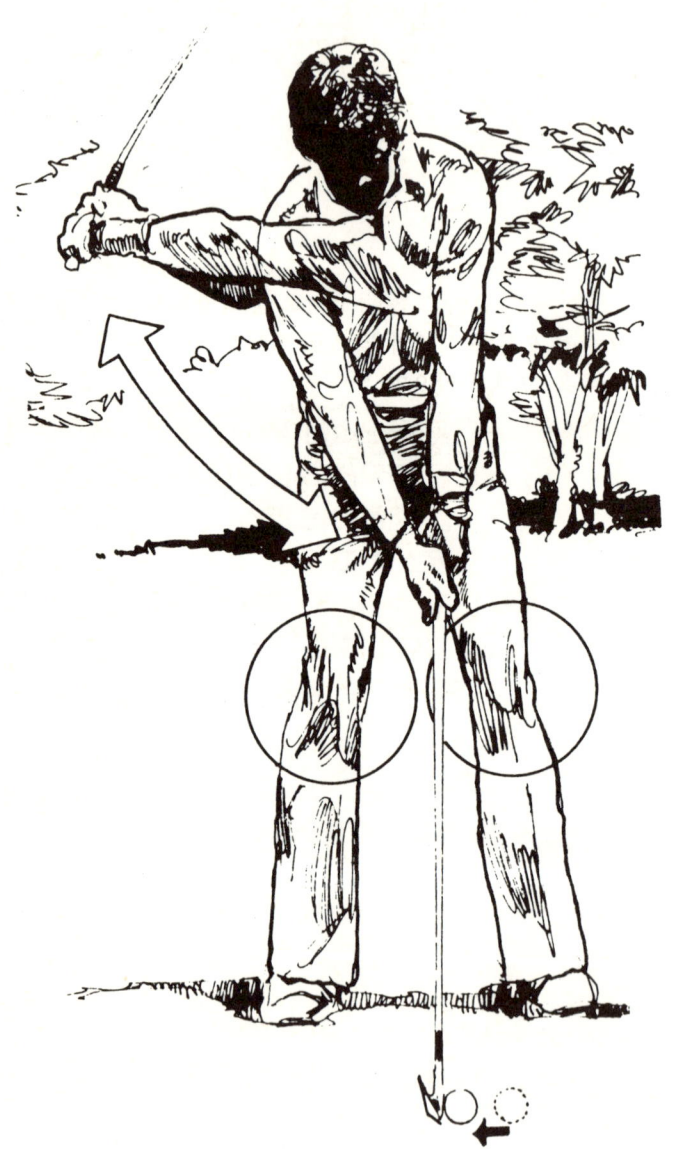

더핑 막으려면 찍어친다는 느낌으로

초보자에게 가장 많은 미스샷은 뒤땅치기(Duffing)라고 했다. 뒤땅을 치게 되는 주된 원인은 공을 떠우려는 생각 때문에 일어난다고도 했다.

다운스윙 때 체중이 오른발에 남으면 팔만으로 긁어 올려치게 되어 오히려 오른쪽 어깨가 밑으로 떨어져 공 뒤를 때리게 된다. 이런 잘못을 고치지 않으면 뒤땅치기 같은 미스샷을 고칠 순 없다. 체중 이동이 정확히 이뤄줘야 공을 정통으로 (클럽 페이스와 공이 직각인 상태에서) 맞힐 수 있는 스윙이 되는 것이다. 그러기 위해서는 공을 쓸어친다는 생각보다는 위에서 아래로 내려친다고 생각해야 한다.

이렇게 공 앞(왼쪽) 잔디를 깎아내는 요령으로 때리면 두 무릎이 보통 때보다 목표 쪽으로 밀리면서 체중 이동을 정확하게 할 수 있게 된다. 공을 찍어 때린다는 느낌으로 다운스윙을 해야 오른쪽 어깨가 떨어지는 것도 막을 수 있고 팔이 주도하는 스윙이 되는 것이다. 그러면 임팩트 때 클럽 헤드의 위치가 어드레스 때의 위치보다 아래로 떨어지는 일은 절대로 없을 것이다. 이것이 소위 '임팩트는 어드레스의 재현'이다.

그렇기 때문에 뒤땅을 치지 않는 요령은 공을 맞히는 순간 얼마만큼 체중 이동을 할 수 있는가에 달려 있다. 그래도 계속해서 뒤땅을 치게 되면 이번에는 공을 약간 안쪽(오른쪽)으로 놓는 것도 잊어서는 안 된다. 또 한 가지 무릎을 유연하게 써서 몸이 위아래로 움직이지 않도록 하는 것도 뒤땅치기를 막는 방법 중의 하나이다.

공을 띄우려 하면 미스샷이 많이 난다

골프를 배우는 과정에서 (초보자 시절) 가장 많이 범하게 되는 미스샷을 꼽는다면 단연 뒤땅치기가 으뜸일 것이다. 이 시기에는 어쩌다 우연히 나오는 나이스샷을 제외하면 모든 타구가 미스샷의 연속이다.

뒤땅치기란 말 그대로 클럽 페이스가 공을 맞히기 전에 먼저 뒤땅을 때리는 타구다. 이것을 스윙 궤도를 중심으로 살펴보면, 공을 맞히는 구역(Impact Zone)이 어드레스 때 예상했던 것보다도 낮아지기 때문에 일어나는 미스샷이다. 스윙 중에 몸 어느 부분이 내려앉았다는 말이다.

예를 들면 다운스윙에 들어가서 두 무릎이 가라앉으면서 스윙 궤도가 낮아지는 경우, 또 체중 이동이 제대로 되지 않아 다운스윙에 들어가서도 거의 오른발에 체중이 남아 있어서 클럽 헤드가 공에 닿기도 전에 지면을 치게 되는 경우도 뒤땅을 치게 된다. 어느쪽이나 이런 미스샷은 공을 띄우려는 의식이 강하게 작용할 때 일어나는 경우가 많다. 공을 떠올리려고 하면 오히려 몸이 가라앉게 된다.

주저앉는 자세에서 공을 제대로 맞힐 수는 없다. 그렇기 때문에 절대로 공을 떠올려 칠 생각은 말아야 한다. 정확하게 클럽 헤드에 맞은 공은 설사 떠올리려고 하지 않아도 저절로 적당한 높이만큼 뜨는 것이라고 믿으면 된다. 또 실제로 공은 떠올라 간다. 그리고 어떤 상황에서도 평상시와 똑같은 스윙을 하는 것만이 뒤땅치기를 방지하는 심리적 해결책이 될 것이다.

무릎 굽혀 어드레스하면 토핑된다

공 머리를 때리는 토핑(Topping)도 뒤땅치기와 마찬가지로 어드레스 때의 하반신에서 그 원인을 찾을 수 있다. 일반적으로 어드레스는 스윙을 하기 위해 할 수 없이 취해야 하는 당연한 자세처럼 생각하기 쉽지만, 어드레스야말로 골프의 기초이면서 스윙의 기본 자세이다. 그렇기 때문에 어드레스만 봐도 그 사람의 핸디캡(기량)을 알 수 있다고 한다. 어쨌든 공 머리를 때리는 사람은 비교적 하반신을 낮춰서 어드레스를 하는 경향이 많다.

어드레스 때 무릎을 많이 굽히면 자연히 허리가 낮아지게 된다. 그래서 이런 자세에서는 다운스윙 때 반대 현상이 일어난다. 어드레스 때 지나치게 많이 굽혔던 무릎이나 허리가 공을 맞힐 때에는 오히려 펴지면서 공 머리를 때리게 된다. 그렇기 때문에 토핑을 막는 첫번째 요령은 지나치게 하반신을 숙이거나 낮추지 않는 것이다. 그래야 다운스윙 때 몸이 일어나지 않고 바른 위치에서 공을 맞힐 수 있게 된다.

토핑이 일어나는 또 다른 원인은 턱이나 머리가 들리는 데에서도 찾아볼 수 있다. 공을 맞히는 순간 머리가 들리면 결과적으로 상체가 들리면서 공 머리를 때리게 된다. 그렇기 때문에 공을 맞힐 때까지는 공에 신경을 집중시켜서 끝까지 공을 보는 것이 결과적으로 토핑을 막는 길이기도 하다. 드라이버샷에서 퍼팅에 이르기까지 머리는 모든 스윙의 축이다. 중심축이 움직여서 좋을 것은 하나도 없다. 특히 숏어프로치에서 일어나는 토핑은 헤드업이 근본 원인인 때가 많다는 것을 잊어서는 안 된다.

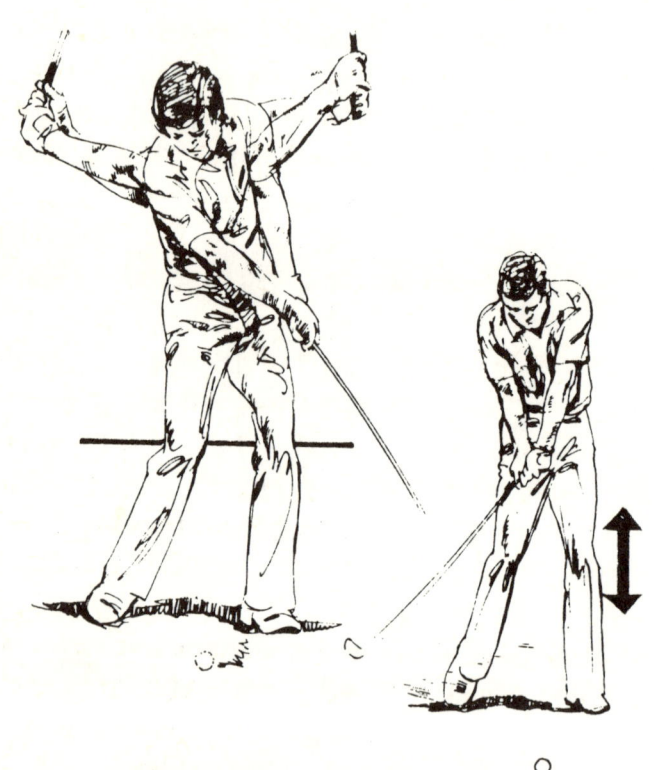

다운스윙 때 무릎 펴면 토핑된다

　토핑은 뒤땅치기와는 반대로 공 위를 때릴 때 일어나는 미스
샷이다. 이론적으로는 스윙 궤도가 어드레스 때보다 위로 올라
와서 클럽 페이스 중심(Sweet Point)으로 공을 맞히지 못하고
클럽 페이스의 밑선(Leading Edge)으로 공을 맞히는 현상을 말
한다.

　이런 증상이 심해지면 공을 맞히기는커녕 클럽 헤드는 공 위
허공을 가르면서 바람 소리만 요란하게 난다. 헛방을 친 것이다.
규칙상 1타로 계상되지만 때로는 연습 스윙이라고 우겨댄다. 제
발 그러지는 말자. 1타를 더 친 것은 1타를 속이는 것(?)보다 몇
갑절 건강에도 좋다. (이런 때에는 반드시 자진 신고하는 습관
을 길러야 한다.)

　어드레스 때 클럽 페이스와 공과의 거리가 빈틈없이 잘 이뤄
져 있으면서도 토핑이 되는 것은, 스윙 도중에 몸이 들리거나
클럽 헤드가 들려서 팔을 제대로 쓸 수 없게 되기 때문이다. 구
체적으로 말하면 다운스윙 때 무릎이 펴지면서 상체가 들리게
되어 클럽 페이스 중심이 공에 미치지 못하는 경우다.

　아무리 공과의 거리를 일정하게 유지한다 해도 백스윙이나 다
운스윙 때 겨드랑이가 뜨면 자연히 스윙 궤도가 위로 옮겨지게
된다. 토핑은 제 거리를 다 내는 풀스윙(Full-Swing) 때보다도
거리를 조절하는 타구(Control-Shot) 때 많이 일어나는 것은,
목표가 가까우면 가까울수록 여기(목표)에 정신이 팔려 머리를
들기 때문이다. 어드레스 때 주저앉는 것도 다운스윙 때 무릎이
펴지는 것도 토핑의 원인임을 알아야 할 것이다.

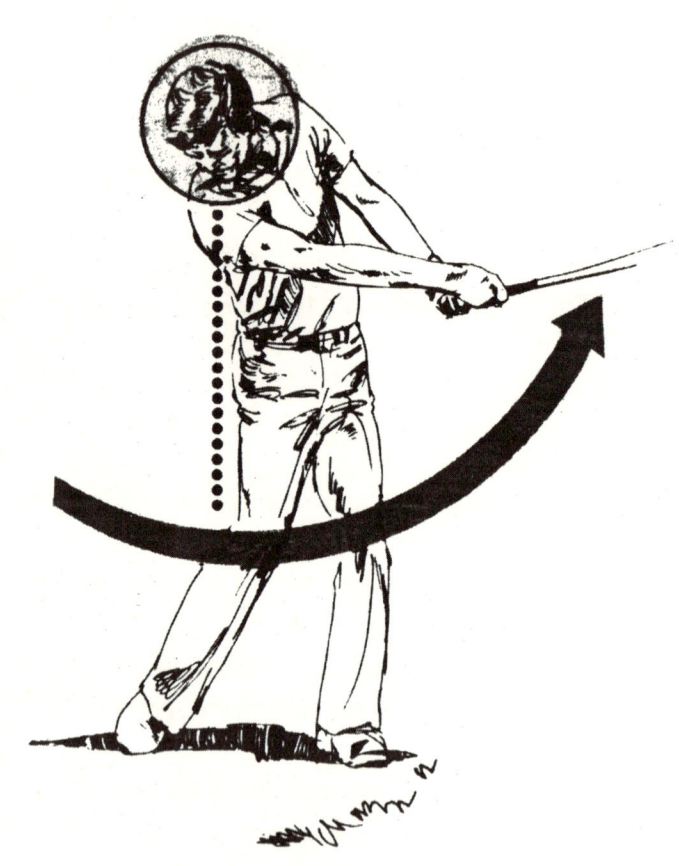

타구 순간까지 공에서 눈을 떼지 마라

뒤땅치기와 토핑이 일어나는 상황은 각각 다르지만 (정반대지만) 따져보면 공을 떠올려 치려는 데 근본 원인이 있을 때가 많다. 좀더 구체적으로 설명하면 공을 떠올려 치려고 할 때 (공이 뜨는 것은 클럽의 로프트가 대신 해준다는 평범한 속성도 모르고) 스윙의 최하점이 공 뒤에 오면 뒤땅을 치게 되고, 반대로 클럽 헤드가 최하점을 지나 올라가다 공을 맞히면 공 머리를 때리게 된다. 이것이 토핑이다.

이 밖에 몸이 펴지는 스윙이나 스윙 궤도가 위로 옮겨져서 토핑이 되는 경우도 있지만, 어떤 경우에도 클럽 헤드 중심으로 공을 맞혀야겠다는 노력(의지)이 부족해서 생기는 미스샷인 것만은 사실이다. 원인이 같으면 교정하는 방법도 같을 수가 있다. 슬라이스와 훅이 뿌리가 같듯이 토핑도 뒤땅치기도 같은 방법으로 고칠 수 있는 것이다. 다른 것이 있다면 토핑의 경우 눈이 공에서 일찍 떨어지는 것이 다를 뿐이다.

헤드업이란 설사 크게 머리를 들지 않아도, 조금이라도 시선이 공에서 떨어지면 그만큼 머리가 움직였다는 증거다. 머리가 움직이면 공을 '때린다'는 감각을 둔화시키고 만다. 공이 퉁겨나는 것은 귀로 들어야지 눈으로 봐서는 안 된다. 끝까지 (공을 맞힐 때까지) 티 위에 놓인 공을 바라보면 자연히 머리는 일정한 높이로 머물게 되어 몸이 필요 이상으로 움직이는 것을 막아준다. 그래야 그립을 잡은 두 손이 힘 있게 공을 향해 내려와서 정확하게 공을 맞힐 수 있게 된다.

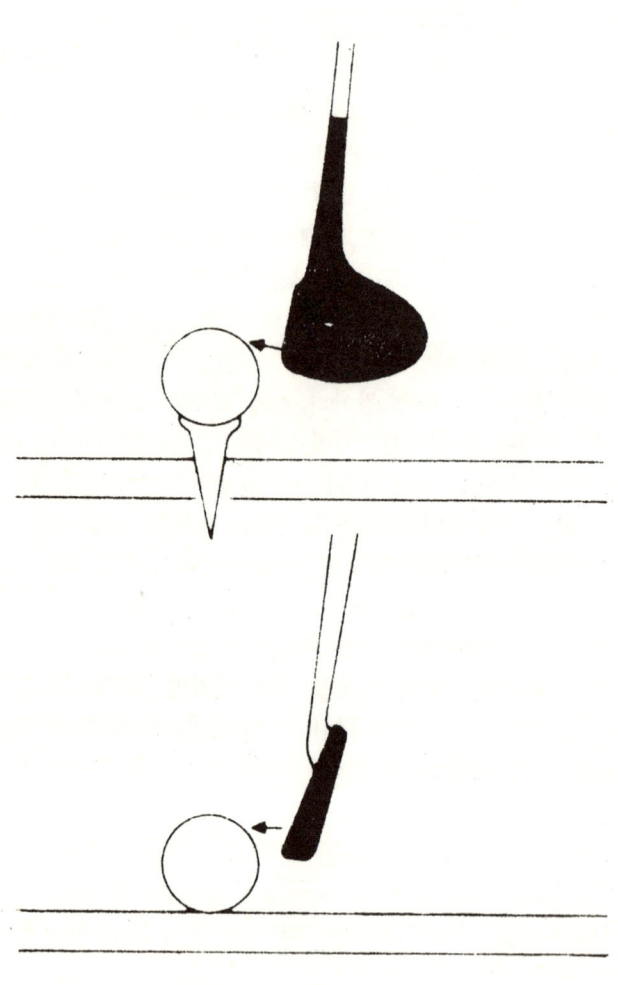

토핑은 나이스샷의 길목

토핑은 클럽 헤드 밑바닥(Sole)과 클럽 페이스가 만나는 밑선(Leading Edge)으로 공머리를 직접 맞힐 때 일어나는 미스샷을 말한다. 이런 미스샷은 타구 감촉이 불쾌할 뿐만 아니라 손이나 팔이 저릴 정도로 그 충격파는 크게 울린다.

그런데도 토핑은 나이스샷의 길목이라는 말이 있다. 토핑은 미스샷이 분명한데 나이스샷의 관문이라니……. 마치 '실패는 성공의 어머니'라고 추켜세우며 실의에 빠진 사람들을 위로하고 재도전에의 의욕을 복돋워 주는 것과 같은 것일까. 어쨌든 토핑은 공이 공중으로 떠오르지 못하고 거의 지면에 붙어 낮게 날아가다 곧 땅으로 떨어져 굴러가고 만다. 이런 타구가 그린을 겨냥하는 어프로치샷 때 일어난다면 최악의 상태로 몰고 간다. 그러면서도 토핑이 나이스샷이 될 수 있는 것은, 클럽 헤드가 약간만 밑으로 내려 맞으면 찍어치는 나이스샷이 되기 때문이다.

처음부터 미스샷을 예상하면서 타구에 임하는 골퍼는 없겠지만, 토핑이 돼도 괜찮다는 각오로 공을 때리면 오히려 토핑보다는 나이스샷이 되는 경우가 많다. 흔히 공을 찍어 친다고도 하고 눌러 친다고도 하는 다운블로가 바로 이 타법이다. 모처럼의 나이스샷 한 방을 맞히려는 의식이 강하게 작용할 때 나오게 되는 토핑은, 거리 조절에 어려움은 있지만 (결과적으로) 휘지 않는 것이 특징이기도 하다. 그렇다고 이 특징을 살리자는 것은 결코 아니다. 헛방을 치는 일이 많은 사람에게 토핑이 많지만, 그것은 클럽을 마음껏 (자신 있게) 휘두르는 증거이고 이것은 역시 '실패는 성공의 어머니'라고 자위할 수도 있을 것이다.

의식적으로 올려치면 토핑된다

골프를 에티켓의 게임, 거리의 게임, 룰의 게임 또는 미스샷의 게임 등 골프의 특성을 대표하는 표현은 수없이 많다. 그것도 부족해서 골프를 착각의 게임이라고까지 표현한다. 그러고 보니 그 말도 맞는 것 같다. 오른쪽이 OB구역이어서 이것을 피해 왼쪽을 보고 때리면 반드시 슬라이스가 나서 공은 오른쪽으로 날아가 OB가 되고 만다. 마음 먹고 장타를 노리면 이번에는 클럽 헤드의 스피드가 떨어져서 공은 멀리 날아가지 않는다. 또 땅위에 붙어 있는 공을 떠올려 치려고 하면 영락없이 토핑이 되어 땅볼이 되기 일쑤고, 낮은 공을 치려고 클럽 헤드를 박아치면 엉뚱하게 공중볼이 되고 만다. 이처럼 골프에서는 머리 속으로 그려 보는 타구와 실제로 일어나는 현실 사이에는 너무나도 동떨어진 결과가 일어나는 일이 많다.

공을 치는 방법 중에 아래서 위로 올려친다는 어퍼블로(Upper-Blow), 위에서 아래로 눌러친다는 다운블로(Down-Blow)라는 말은 있어도 타법 중에 공을 위로 긁어 올려치는 동작이란 없는 것이다. 클럽을 위에서 아래로 휘두르면(Downswing) 공은 저절로 떠올라가게 된다. 공을 뜨게 하는 것은 클럽의 로프트가 대신 해준다고 하지 않았던가. 심지어 피칭웨지처럼 로프트가 많은 클럽이라도 의식적으로 떠올려치면 반드시 토핑이 되고 만다. 이런 착각을 털어 버리지 않는 한 결코 골프 기술의 향상은 기대하기 힘들다. 그 중에서도 가장 대표적인 것이 벙커샷이다. 모래 위에 공이 있다. 클럽 헤드는 모래 속으로 박혀 들어간다. 그렇기 때문에 클럽 페이스로 떠올려치게 된다. 물론 미스샷이다. 클럽 헤드를 모래 속으로 박아 넣기만 해도 공은 나오게 돼 있는 것을 긁어치기 때문에 공 머리를 때리게 된다. 바로 이것은 생각의 잘못……. 착각 때문에 일어나는 미스샷이다.

공은 놓여진대로 치는 것이 원칙

공은 놓여진 그대로의 상태에서 플레이해야 한다고 못박고 있지만 (규칙 13조), 코스가 비정상적인 상태라면 구제할 수 있다는 조항도 있다(규칙 25조). 더욱이 코스 상태가 악화되는 겨울철의 악조건 아래서는 코스의 보호와 유쾌하고 공평한 플레이를 위해서 로컬룰을 제정하여 구제할 수 있도록 배려하고 있다(부칙 I-A-8).

공은 놓여진 대로 쳐야 하는 것은 두말할 것도 없이 플레이의 대원칙이다. 그러나 곰곰 냉정하게 생각해 보자. 프로 골퍼와 일부 아마추어 골퍼를 제외하고 이 원칙을 지켜 가며 플레이하는 사람이 과연 얼마나 될까. 더욱이 겨울 골프에 맛을 들이다 보면 골프 본래의 모습인 소위 노터치(No Touch, 사실 이런 골프 용어는 없지만)

플레이를 경험하지 못한 채 골프 인생을 살아가게 된다. 아무런 죄의식도 없이 공을 옮겨 놓고 치는 데에는 골프장의 책임도 있다.

그것은 늦가을부터 늦은 봄까지 거의 반 년에 가까운 기간 동안 코스 보호라는 미명하에 터치 플레이를 권장하고, 심하면 티 위에 올려 놓고 쳐야 하는 티플레이를 강요하기 때문이다. 이 같은 친절은 얼핏 보면 플레이어를 편하게 해주는 봉사 정신에서 비롯된 구제 조치 같지만, 실제에 있어서는 골퍼에게 큰 도움이 되지 못한다.

라이(Lie)가 나쁘면 나쁜 대로 플레이할 줄 알아야 난국을 극복할 수 있는 참된 의미가 있는 것이고, 여러 가지 상황에 따른 타법의 변화를 통해 기술 향상도 시도할 수 있다.

어프로치샷
Pitching & Chipping

어프로치샷은 거리 감각의 지름길

골프 스윙은 감각적이어야 한다고 했다. 여기서 말하는 감각이란 선천적으로 타고난 운동신경이 아니라 부단한 노력으로 얻어지는 자율적인 동작을 말한다. 말하자면 한석봉 어머니의 떡 써는 기술(?)과 같은 것이다.

감각 중에서도 거리에 대한 감각은 아마추어 골퍼에게는 가장 넘기 어려운 관문이다. 날마다 코스에서 플레이할 수 있거나 그렇지 않으면 연습공이라도 매일 칠 수 있는 환경이라면 어느 정도 극복할 수 있는 것이 '거리 감각'이지만, 그런 기회가 좀처럼 없는 일반 골퍼에게는 거리감을 잡는다는 것이 그렇게 간단하지는 않다. 흔히 왼손은 방향(핸들), 오른손은 거리(액셀러레이터)라고 말하는 것처럼 '거리감'은 오른손에 의존하는 감각이다. 이것을 확인하기 위해 오른손에 공을 잡고 5m나 10m쯤 떨어진 목표를 향해 공을 던져 보라.

이때 느껴지는 거리에 대한 감각이 바로 골프에서의 어프로치샷(거리 조절)의 감각인 셈이다. 거리감을 잡는 또 다른 연습 방법은 같은 거리의 어프로치샷을 여러 가지 다른 방법으로 쳐보는 것이다. 50m, 80m의 거리를 아이언 3번에서부터 샌드웨지까지 사용해서 어느 클럽으로나 그 거리를 보낼 수 있는 연습이다(물론 지극히 어려운 기술이기는 하지만……). 3번 아이언은 로프트가 적어서 런이 많은 것을 감안한다면 스윙이 작아야 하고, 숏아이언은 로프트가 커서 공이 높이 뜬다는 것을 전제로 때려야 하기 때문에 스윙의 크기도 달라진다. 이렇게 스윙의 크기와 거리의 관계를 몸소 느낄 수 있을 때 비로소 '거리감'을 찾을 수 있을 것이다.

공 띄우려면 어프로치샷 기본을……

짧은 거리의 어프로치샷……, 더욱이 벙커 같은 장애물을 넘어야 하는 경우에는 아무래도 공을 띄우지 않으면 안 된다는 생각이 들 것이다. 이런 경우 평소처럼 아무 생각 없이 때리면 클럽의 로프트가 적당히 공을 띄워 주지만, 장애물이 코 앞에 있으면 아무래도 띄워 올려치고 싶은 충동이 일어나는 것이 플레이어의 공통적인 심리다. 이런 것을 인지상정이라고 한다.

어쨌든 어프로치샷의 기본을 충실히 지키면 공을 띄우는 것쯤은 식은 죽 먹기다. 그러나 이것도 연습과 실제가 다른 것이 골프의 어려움이다. 모든 타구 요령과 방법은 실전에서 실천할 수 있어야지 그렇지 못하면 연습장의 챔피언(?)에 불과하다.

어프로치샷은 목표 지점 앞에 장애물이 있다고 가상하고 연습하면 자신 있는 타구를 할 수 있을 것이다. 연습은 실전처럼 이라는 연습의 철학을 따르자는 것이다. 이것은 기본에 충실하기만 하면 긁어 올려치지 않아도 공은 적당한 높이로 떠오르게 된다. 이것을 몸으로 체험하고 이해할 수 있을 때 참다운 연습의 효과가 있는 것이고 심리적인 유혹을 극복할 수 있다.

또 클럽이 바뀔 때마다 가상의 목표 거리를 조절하는 요령도 있어야 한다. 아무리 좋은 약도 환자가 먹지 않으면 병은 치유되지 않는다. 이렇듯 연습 방법과 요령이 제시되면 이를 받아들이는 쪽은 플레이어 자신이다. 골프 게임은 예측할 수 없는 어려운 상황이 많이 일어난다. 이럴 때마다 이를 뛰어넘는 힘은 오직 실전을 가상한 꾸준한 연습을 통해서만 기를 수 있다.

손목이 엎어지면 타구 방향이 틀어진다

방향과 거리가 맞아 떨어져야 하는 것이 어프로치샷의 생명이다. 그런데 이 절대절명의 두 가지 욕구(방향과 거리)를 비교적 무난하게 충족시켜 주는 것이 퍼팅이다. 퍼팅은 공을 굴려친다는 이점과 스윙 폭이 작다는 장점이 있다. 아무래도 스윙이 크면 클수록 정확성은 감소된다. 그런데 가장 정밀한 타구가 요구되는 어프로치샷 때 꼭 지켜야 할 것은 절대로 손목을 엎지 말라는 것이다.

손목을 엎으면 힘은 강해지지만 방향이 틀어지는 결점이 있다. 어프로치샷 때 일반 타구 때처럼 손목을 엎으면 공은 엉뚱한 곳으로 달아나고 만다. 스윙의 기본을 알기도 전에 손끝으로 거리나 방향을 조절하는 기술(?)을 특기로 삼는 사람들은 심지어 퍼팅까지도 손목을 엎는 버릇이 있다. 손목을 써야 공을 맞힐 수 있는 습성의 골퍼는 손목을 꺾는 순간 미스샷을 자초하게 된다.

더욱이 미스샷이 가장 많은 것은 스윙이 빠를 때 일어난다. 거리감에 대한 감각도 없이 어프로치샷을 하게 되면 결과에만 신경을 쓰게 되어 빨리 공을 쳐서 결과를 보고 싶은 충동이 일어난다. 이것이 서둘러 치는 원인이 된다. 이런 현상이 두드러지게 나타나는 것이 핀이 보이지 않는 지점에서의 어프로치샷이다. 그린까지의 상황을 알 수 없으니 답답한 심정은 이해가 간다. 그러나 이럴 때일수록 차분히 기다리는 인내심이 있어야 한다. 골프는 타구의 기술뿐만 아니라 자신을 억제하는 심리적인 효과가 큰 게임임을 알아야 한다.

가장 쉽고 정확한 방법은 굴려치기

골프 코스가 골퍼를 만든다고 했다. 이것은 골퍼의 기술은 플레이하는 코스에 좌우된다는 말이다. 비교적 긴 코스에서 플레이하는 골퍼는 장타력이 뛰어나고, 벙커가 많은 코스에서 자라난 골퍼는 벙커샷의 명수가 된다. 또 산악 코스가 홈 코스인 사람은 타구 거리는 짧아도 직구는 자신이 있다. 바닷 바람이 거세게 부는 해변 코스에서 배운 골퍼의 구질은 탄도가 낮은 것이 특징이다. 높이 솟았다 떨어지면 백스핀이 걸리는 구질이 요구되는 미국 골프장과는 정반대의 구질이다.

그러나 아무리 백스핀이 걸리는 높은 탄도의 구질이 좋아도 조건만 허락하면 탄도가 낮은 구질처럼 좋은 것은 없다. 정상을 달리는 프로 골퍼들조차 공이 놓여진 상태(Lie)와 목표 지점의 상황을 살피면서 먼저 생각하는 것은 공을 굴려칠 수 있을까 하는 문제다.

굴러가는 공은 미스샷이 적을 뿐만 아니라 수준급 골퍼에게는 홀컵 속으로 들어가는 가능성이 많기 때문이다. 뿐만 아니라 목표 지점까지 보내는 기술 중에서 굴리는 방법이 어떤 방법보다도 쉽기 때문이다. 아마추어 골퍼가 환상의 타구처럼 부러워하는, 백스핀이 걸리는 타법은 가장 어려운 타법이다. 그렇기 때문에 여건만 허락(?)한다면 굴리는 것처럼 좋은 방법이 없는 것이다. 지금부터라도 그린 근처에서는 피칭웨지를 써야 한다는 편견을 버리자. 목표 지점에 공을 날라주는 가장 쉽고 정확한 방법은 퍼팅이다. 공을 굴리는 도구(클럽)인 퍼터에 가장 가까운 클럽으로 먼저 굴리는 것을 생각하라. 굴리는 골프야말로 골프 게임에 이기는 작전이요 타법인 것이다.

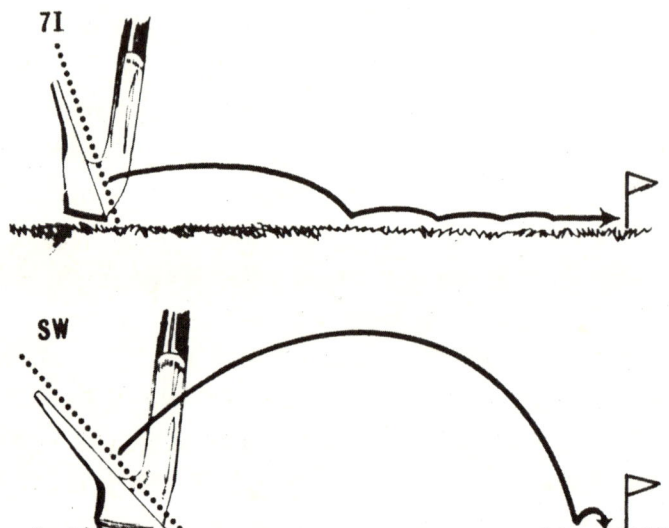

피치샷, 칩샷은 굴려치기의 응용

굴려치는 어프로치샷은 가장 쉽고 안전한 타구 방법이다. 피치샷(Pitching)이나 칩샷(Chipping)은 모두 이 굴려치기를 응용한 타법들이다. 이 이치를 좀더 쉽게 설명해 본다.

예를 들면 7번아이언으로 굴려치는 상황에서 샌드웨지를 쓴다면 어떻게 될까……. 7번 아이언과 똑같은 타법으로 쳐도 샌드웨지는 로프트가 많기 때문에 공은 높이 뜨고 그린에 떨어지고 나면 많이 굴러가지 않는 칩샷이 되고 말 것이다. 높이 뜬 공이 백스핀이 걸리는 환상의 피치샷……. 이것은 굴려치기 타법에 약간 변화만 주면 간단하게 할 수 있는 타법이다.

가끔 어프로치샷이 홀컵 속으로 들어가는 것을 보지만, 이것은 나이스샷이라기보다는 우연한 행운이고 기적 같은 타구다. 진정한 의미의 기술적인 타구는 어프로치샷이 홀컵 속에 달라붙는 경우다. 이것이 뛰어난 기술이고 훌륭한 골퍼다.

골프에서는 초보자에게도 예기치 않은 행운이 찾아올 때가 있다. 그 대표적인 것이 홀인원이다. 홀인원을 했다고 해서 기술이 좋다고 말하는 사람은 한 사람도 없다. 때로는 그린 밖에서 친 어프로치샷이 홀컵 속으로 빨려 들어가는 경우도 있다. 어느쪽이나 본인의 생각으로는 실력으로 간주하고 싶을 것이고, 남이 보면 플루크(Fluke, 흔히 당구에서 말하는 '후루크')라고 여길 것이다. 회심의 1타(Good Shot)와 행운의 1타(Fluke)가 다른 점은, 플레이어 자신이 예상했는가(목적구) 아니면 우연한 결과(행운)인가의 차이이다. 골프에서는 가끔 있게 마련인 행운의 타구는 아무리 결과가 좋아도 실력의 목적구라고 말할 수는 없으며, 홀컵 속으로 들어가는 행운의 타구보다는 항상 착실하게 핀에 달라붙는 타구가 바람직한 나이스샷이다.

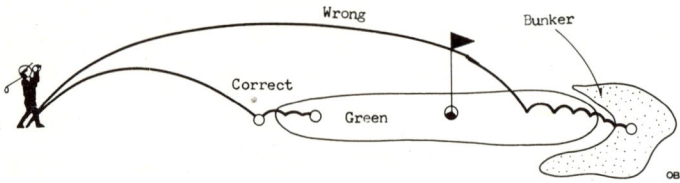

그린 오버 지역 위험 지대라 생각하라

18홀을 도는 동안 어프로치샷이 그린을 넘어서 떨어지는 횟수가 많을수록 스코어는 나빠지는데, 이 사실조차 모르는 골퍼가 많은 것은 아직은 골프 게임에 머리를 쓰지 못하고 있는 탓이리라. 오히려 어프로치샷이 짧은 (그린에 못 미치는) 사람들의 스코어가 비교적 좋은 것은 무엇 때문일까.

이것은 클럽 선택에도 원인이 있겠지만, 무엇보다도 중요한 것은 자기 자신의 클럽별 표준 거리가 있어야 한다는 것이다. 그린까지의 거리를 확인하고 이에 맞춰 클럽을 골라 잡는 것은 누구나 할 수 있는 일이다. 그렇지만 '자기 거리'를 갖고 있으면서 이를 실행할 수 있는 사람이 과연 얼마나 될 것인가.

아마추어 골퍼는 '자기 거리'가 확실치 않아 짧을 때도 길 때도 있게 마련이다. 설령 확실한 자기 거리가 있다손 치더라도 바로 맞히지 못하면 이런 오차는 언제나 일어나는 것이 골프다. 그린을 공략할 때 (특별한 경우를 제외하고는) 어프로치샷이 그린 오버가 되면 이 지역은 위험 지대라고 생각해야 한다. 그것은 그린 뒤편 상황은 눈으로 확인할 수 없는 지역이기 때문이다. 그래서 그런지 별로 손질도 하지 않은 채 내버려 두는 것이 코스 관리의 실정이다. 또 한 가지 일반적으로 그린은 앞쪽(페어웨어 쪽)보다는 뒤쪽이 올라가 있다. 그래서 앞에서 공격하는 것이 오르막 라인이 돼서 비교적 쉬운 지점에서 공략할 수가 있다. 그린을 넘어간 어프로치샷은 내리막 라인으로 쳐야 하기 때문에 핀에 붙인다는 건 여간 어려운 것이 아니다. 18홀의 지형을 하나도 빠짐 없이 알고 있다면 별문제가 없겠지만, 그렇지 않을 때에는 그린 앞을 겨냥하는 것이 현명한 방법이다.

벙커샷=샌드웨지는 그릇된 관념

골프채의 명칭이 샌드웨지라고 해서 벙커샷은 무조건 이것을 써야 하는 것은 아니다. 벙커는 코스 중간에도 있으며(Cross Bunker) 그린 주변(Guard Bunker)에도 있다. 그렇다고 가드 벙커가 반드시 그린 옆에만 있는 것은 아니고, 때로는 그린에서 50~60야드나 떨어져 있을 경우도 있다. 이렇게 제법 거리가 있는 벙커샷을 한 방으로 핀에 붙인다는 건 어려운 일이지만, 샌드웨지로는 도저히 도달할 수 없는 거리다.

아무리 힘이 장사라도 아마추어 골퍼의 샌드웨지 최장 거리는 25~30야드가 고작이다. 말하자면 이것이 샌드웨지의 한계인 셈이다. 그러니 벙커샷이라고 해서 반드시 샌드웨지만 써야 할 의무는 없다. 경우에 따라 8~9번 아이언이나 피칭웨지를 써도 무방하다.

그린까지의 거리가 먼 벙커에서는 페어웨이에서의 칩샷(Chip Shot)의 타법이라야 그린에 올릴 수도 있고 핀에 붙는 행운(?)도 있을 수 있다. 이런 경우 8~9번 아이언으로 벙커샷(익스플로전샷)을 해도 실패하는 확률만 높을 뿐이다. 확실한 피치 앤드 런(Pitch and Run) 타법으로 공략하는 것이 가장 현명하고 확률 높은 타법이다.

그렇기 때문에 거리가 있는 벙커에서의 타구는 클럽 선택이 무엇보다도 중요하고, 이에 맞는 타법이 병행해야 성공할 수 있는 것이다.

룰 안 지키면 기술도 늘지 않는다

공을 맞히는 것만으로도 힘에 겨운데 룰까지 지키자니 골프가 여간 부담스럽지 않다. 물론 이것은 초보자의 푸념이다. 그러나 마음 놓고 룰을 지키지 않아도 되는 (?) 계절이 돌아왔다. 우리 나라에서 만들어낸 골프의 신조어 '터치 플레이'가 허용되기 때문이다. 억지로 영어로 표기하면 Touch Play로 표시할 수 있을 것이다.

골프 플레이에는 몇 가지 대원칙이 있다. 이것은 마음만 먹으면 누구나 지킬 수 있는 '공은 놓여진 상태 그대로 플레이돼야 한다.'는 대원칙이다. 이 원칙은 쉬운 것 같으면서 잘 지켜지지 않는 강제 규정이다. 그런데 구속에서 해방되는 플레이 방식이 소위 터치 플레이의 룰이다.

아무리 공을 옮겨 놓고 칠 수 있는 권리가 부여된다 하더라도, 여기에도 지켜야 할 규범은 있다.

손으로 공을 집어들고 떨어뜨리는 드롭(Drop)도 이 범주에 속하는 규칙이다. 6인치 이내, 1클럽 길이 이내, 때로는 2클럽 길이 이내로 옮겨 놓을 수 있을 때에도(Place) 꼭 그것을 지켜야 하는 의무는 따른다. 과연 얼마나 많은 사람이 그대로 지키고 있을까…….

공을 옮겨 놓는 규칙까지도 지키지 않는 데에는 그럴 만한 이유가 있다. 다른 사람도 지키지 않을 뿐더러 안 지켜도 별로 누가 뭐라는 사람도 없기 때문이다. 말하자면 이 범법 행위에 대해서는 서로가 관대하게 봐주기 때문이다. 이처럼 룰을 안 지키는 것이 편리한 것 같지만, 이것은 종국에는 골프 기술이 느는 길을 가로 막는 장애물인 것이다.

지금부터 골프를 시작하는 초보자만이라도 룰을 룰대로 지키는 정신을 길러야 할 것이다.

벙 커 샷
Sand Play

벙커샷 익히려면 '자신감'부터

벙커에 들어간 공을 한 방으로 꺼낼 수만 있으면 그만이지 핀에서 멀리 떨어졌다고 불만스럽게 생각하지 않는 것이 아마추어 골퍼의 생각이다. 그러나 일류 프로 골퍼가 되면 묘기에 가까운 여러 가지 타법을 구사할 수 있게 된다.

강한 스핀을 걸어 핀 앞에 떨어진 공이 그 자리에 멎게 하거나 때로는 많이 굴러가게 하는 다양한 타법은 생각보다 훨씬 어려운 기술이다. 그린 옆 벙커에서 모래와 함께 쳐내는 익스플로전샷(Explosion Shot)은 벙커샷의 기본이지만, 이것도 일반 골퍼에겐 여간 어렵지 않다.

이처럼 벙커샷이 어려운 것은 공 뒤 어느 지점에 클럽 헤드를 정확하게 떨어뜨려야 하기 때문이다. 이 지점이 공에서 너무 멀리 떨어지면 모래를 폭발시키는 힘이 약해서 공은 벙커에서 나오지 않게 되고, 반대로 지나치게 공과 가까우면 모래와 공을 함께 때리는 홈런 타구가 되고 만다. 이렇게 클럽 헤드를 좀처럼 정확한 지점에 떨어뜨릴 수 없는 것이 벙커샷의 어려움이다. 이 밖에 심리적인 부담도 벙커샷을 어렵게 만드는 요인으로 작용한다.

벙커샷을 어렵다고 생각하는 한 불안감은 항상 따라다닌다. 이 불안감 때문에 팔과 어깨에 힘이 들어가 진작 공을 맞힐 때에는 별안간 클럽 헤드의 속도가 떨어지면서 타이밍이 맞지 않는 스윙이 되고 만다. 결과는 보나마나 풀썩…… 공은 벙커에서 빠져 나오지 못한다. 이것들이 벙커샷을 어렵게 만드는 원인이지만, 이 장애 요소를 해소하는 길은 역시 기술에 바탕을 둔 자신감을 기르는 길뿐이다.

클럽은 짧게, 스탠스 폭은 넓게

벙커샷이라고 무조건 공 뒤 모래를 때리고 그 폭발력에 의해 공을 빼내는 익스플로전샷만 있는 것은 아니다. 앞턱이 낮고 핀까지의 거리가 짧은 경우에는 8번이나 9번 아이언 같은 숏아이언으로 직접 공을 맞히는 방법도 있다. 이때 사용하는 클럽은 모래의 질, 앞턱의 높이, 핀까지의 거리, 이 밖에도 공의 위치 등 여러 가지 조건을 감안해서 골라 잡아야 함은 물론이다. 골프채 14개는 필요하면 어떤 타구 때나 제한없이 쓸 수 있는 것이다. 때로는 퍼터까지도 쓸 수 있다는 것을 잊어서는 안 된다.

이때 클럽은 될 수 있는 대로 짧게 잡고 스탠스의 폭도 약간은 좁은 것이 좋다. 백스윙도 작게……. 극단적으로 말하면 일반 타구 때처럼 어깨나 허리의 리드로 공을 치는 것이 아니라 손으로만 때린다는 느낌으로 공을 직접 맞혀야 한다. 여기서 가장 중요한 것은 절대로 머리를 들어서는 안 되는 것이다. 골프에서 머리 들어 좋은 타구 방법은 하나도 없지만……. 또 그립은 공을 직접 맞혔을 때 조금도 흔들리는 기미가 없도록 확실하게 잡아야 한다(결코 힘줘서 잡으라는 말은 아니지만). 더욱이 모래가 젖어 있을 때에는 상당한 저항이 있다는 것도 염두에 둬야 할 것이다.

당연한 일이지만 모래의 질도 여러 가지로 다르다. 마르고 가벼운 것, 젖어서 딱딱한 것, 때로는 흙이 섞여 있어서 무거운 것 등…… 여러 가지 성질의 벙커가 있다. 손자병법은 나를 알고 적을 알면 백전백승이라고 가르친다. 벙커샷 하나에도 코스의 이것 저것을 두루 살피는 세심한 배려가 있어야 난국에서 벗어날 수 있다.

벙커샷 체중 이동은 될수록 작게

중심축만 움직이지 않는다면 체중 이동의 폭은 클수록 장타를 날릴 수 있다. 그러나 거리보다는 방향을 중시하는 숏게임에서는 체중 이동의 폭은 작을수록 타구 방향은 안정된다. 더욱이 벙커샷의 성패를 가름하는 기준은 왼발에 체중이 실려 있는가 아닌가에 달려 있다.

벙커샷이란 클럽 헤드를 무조건 모래 속으로 박아 넣는 것이 첫번째 조건이다. 또 이것이 벙커 속에서 탈출하는 기본 요령이다. 그렇지만 얼토당토않은 지점에 아무렇게나 클럽 페이스를 처박는다고 공이 빠져 나오는 것은 아니다. 공 뒤 2~3cm가 가장 적당한 지점이라고는 하지만 이것도 정설은 아니다. 이론적으로는 샌드웨지의 밑바닥(Sole) 넓이만큼의 지점이라고 합리성을 강조한다. 이 정도면 타구 지점은 알았겠지만 가장 궁금한 것은 공의 위치다. 숏게임에서 기둥발이 되는 것이 왼발이다. 그렇기 때문에 공도 왼발 뒤꿈치 앞에 놓는 것이 정상이다.

그리고 중심도 공의 위치와 일치시켜야 한다. 물론 머리도 공과 중심의 위치에 맞춰지게 된다. 이것이 숏게임 때의 이상적인 어드레스다. 그런데 중심은 왼쪽에 있으면서 머리가 오른쪽에 있는 것은 부적당한 잘못된 어드레스다. 좀더 알기 쉽게 말하면 머리와 중심의 위치는 클럽 헤드를 떨어뜨릴 위치와 일치하지 않으면 안 된다. 더욱더 중요한 것은 스윙하는 동안 체중 이동은 될 수 있는 대로 하지 않는 것이 좋다. 체중 이동 때문에 클럽 헤드를 박는 지점이 단 1cm라도 달라지는 것이 벙커샷이기 때문이다.

벙커샷은 타구 전체의 감각 살려야

골프의 일반 타구는 반드시 공을 직접, 그것도 정통으로 맞혀야 하는 데 어려움이 있다. 조금이라도 잘못 맞으면 그 결과는 미스샷으로 이어진다. 공 뒤를 때리면 뒤땅치기(Duffing)가 되고 그렇지 않으면 공 머리를 때리게(Topping) 된다. 그러나 벙커샷만은 공을 직접 때리지 않아도 되는 유일한 타법이다. 그래서 그런지 골프의 타구 중에서는 가장 쉬운 것이 벙커샷이라고 한다. 공을 직접 맞히지 않고 모래를 때리면 공은 저절로 떠오르는 타법…… 이것이 소위 익스플로전샷이다.

그렇지만 일반 아마추어 골퍼에게는 아무래도 모래와 함께 공을 쳐내는 감각을 잡는다는 게 그리 쉽지는 않은 것 같다. 긁어 떠올려 치지 않으면 공을 직접 때려서 홈런이 되는 등…… 미스샷이 계속된다. 이처럼 벙커샷이 어려운 것은 공 뒤 어느 지점을 때려야 할지 모르기 때문이다. 1cm 또는 1인치(2.5cm) 뒤…… 사람마다 내세우는 기준도 다르다. 벙커샷은 공을 때리는 위치가 중요한 것은 사실이지만, 어떤 경우도 클럽 헤드가 공 뒤를 뚫고 들어가는 감각이 살아 있어야 한다. 즉 공 밑 모래를 얼마만큼 효과적으로 폭발시키는가에 달려 있다는 말이다.

1, 2cm 뒤가 되든간에 뒤땅치기가 허용되는 벙커샷에 다소의 오차가 큰 문제가 되는 것은 아니다. 그것보다도 타구 전체의 감각을 잡는 것이 무엇보다도 중요한 요소다. 스탠스의 폭을 한 밑변으로 하는 삼각형의 끝점을 때리는 요령은 크게 도움이 될 것이다. 거리 조절에 큰 어려움이 없는 것은 어차피 벙커샷이란 적당히 그럭저럭 때리는 것이 아닌가…….

모래 속 공 칠 땐 클럽 페이스 세워라

벙커샷 중에서도 가장 어려운 것은 공이 모래 속으로 절반 이상 파묻힌 상황이다[흔히 이것을 '메다마'라 부르고 있지만, 영어로는 한쪽만 익힌 계란 프라이와 같다고 해서 '서니 사이드'(Sunny Side)라고 한다]. 어쨌든 이런 경우 공 뒤를 쳐서 모래의 폭발력에 의한 탈출(Explosion Shot)은 불가능하다.

모래 속에 박힌 공을 쳐낼 때는 클럽 페이스와 공 사이에 아무래도 모래가 끼이게 되어 클럽의 힘이 공까지 전달되기 힘들다. 더욱이 공이 모래 속에 파묻혀 있어서 모래의 저항이 강해 공은 떠오르기 힘들다. 이런 때에는 벙커샷이라 해도 공을 직접 때리는 타법을 써야 한다.

모래의 저항을 덜 받고 공을 직접 맞히기 위해서는 클럽 페이스를 세워서 (엎어서) 공을 치지 않으면 안 된다. 골프 스윙은 원운동이 기본이지만, 이런 때 클럽 페이스를 엎어치게 되면 폴로스루 같은 것은 할 수도 없지만 억지로 해서도 안 된다. 공을 엎어칠 때에는 당연히 공은 오른쪽에 놓이게 된다. 다시 말해 공을 오른쪽에 놓고 때리면 클럽 페이스는 엎어질 수밖에 없다. 이것이 가장 자연스러운 자세다.

모래 속에 묻힌 공은 그린에 올리는 것만으로 만족해야 한다. 이런 악조건의 상황에서까지 핀에 붙인다고 생각한다면 욕심이 지나쳐서 공을 빼내는 기회마저 잃게 된다. 그린 위로 올라가기만 해도 대성공인 상황에서 핀에 붙이다니……. 말 타면 경마 잡고 싶은 것이 인정이던가……. 어쨌든 욕심은 버려야 한다. 이것이 아마추어 골퍼의 마음 가짐이다.

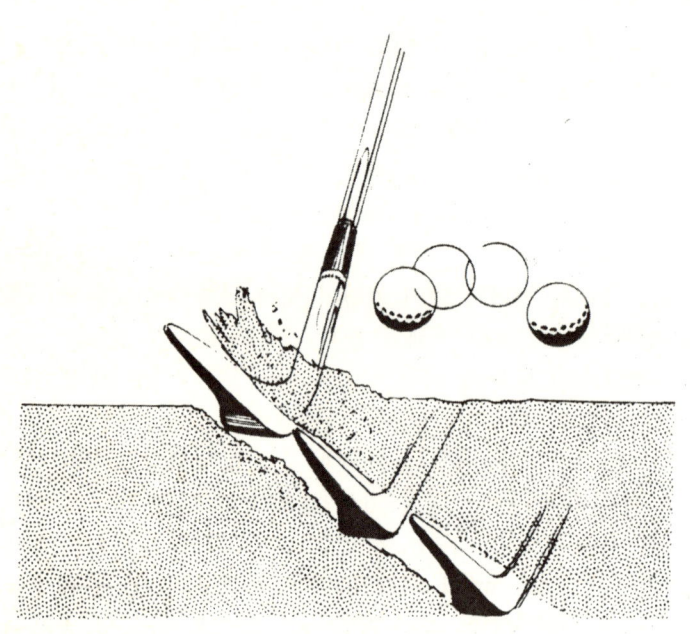

혹 이용 타법은 클럽 헤드를 젖혀야

샌드웨지의 클럽 헤드 뒤쪽에 혹처럼 붙어 있는 두툼한 부분
이 있다. 왜 붙어 있을까. 바로 이것으로 공 뒤 모래를 때리면
공은 튀어오른다. 이것이 벙커샷의 기본이고 요령이다. 벙커에
들어간 공을 클럽 페이스에 직접 맞히는 것은 모래 속에 박힌
공뿐이다. 이 밖의 모든 벙커샷은 샌드웨지의 두꺼운 밑바닥(Sole)
을 이용해서 모래를 튀기고 그 폭발력과 함께 공을 튀어나오
게 하는 타법이 바로 벙커샷이다. 클럽 헤드의 혹을 살리는 타
법의 요령은 어드레스 때 클럽 페이스를 젖히는 것(Open)도 한
가지 방법이다.

벙커샷 때 몸의 방향은 공과 핀을 연결하는 목표선보다 약간
왼쪽을 보는 오픈 스탠스를 취하게 된다. 이런 자세는 공을 끊
어 치게 되고 그러기 위해서는 스탠스는 목표선 왼쪽을 보게 된
다. 스윙은 스탠스 방향대로 (왼쪽으로) 이뤄져야 하지만, 클럽
페이스의 방향은 목표와 직각이 돼야 한다. 그러나 이때 클럽
페이스를 스탠스 방향으로 (왼쪽으로) 맞추면 공은 핀 쪽보다
왼쪽(스탠스 방향)으로 날아가게 된다. 그래서 클럽 페이스는
핀 쪽으로 향해야 하고 이것이 진정한 의미의 오픈 스탠스다.

오픈 스탠스 때 클럽 페이스를 젖히는 정도에 따라 공의 높낮
이가 결정된다. 스탠스를 왼쪽으로 돌리고 클럽 페이스를 젖히
면 공은 높이 떠오른다. 스윙의 크기가 같을 때 높이 떠오른 공
은 낮은 공보다도 거리가 짧은 것은 당연한 일이다. 이렇게 클
럽 헤드의 혹을 이용한 타법은 클럽 페이스를 젖히는 것이 관건
임을 알아야 할 것이다.

벙커샷 때도 떠올려 치지 마라

왼발 쪽이 높은 벙커는 대개 그린 앞에 있고 앞턱이 높은 것이 특징이다. 이런 경우도 경사에 역행하지 않고 경사에 맞춰서는 것이 원리에 맞는 어드레스 자세의 기본이다. 그러다 보면 어느 정도 체중이 오른발에 걸리는 것은 어쩔 수 없는 일이다. 이때에도 스탠스는 역시 오픈 스탠스로 서서 앞턱이 높은 만큼 공을 높이 띄울 준비를 미리 해야 한다.

또 어드레스 때 왼쪽 팔꿈치를 쭉 뻗지 말고 부드럽게 늘어뜨리는 것도 알아둬야 할 요령이다. 왼발 쪽이 높은 벙커는 일반적으로 앞턱이 높기 때문에 필연적으로 공을 높이 띄워야 하는 것은 당연한 요구다. 이때 중요한 것이 왼손 팔꿈치다. 그것은 왼발이 높은 벙커샷은 다운스윙에서 폴로스루에 이르는 동안 왼손 팔꿈치가 딱딱하게 뻗어 있으면, 공을 맞히는 순간 (모래를 치는 순간) 손이 엎어지면서 경사면에 클럽 헤드를 박아 버리게 되어 공이 떠오르지 않기 때문이다. 높은 공은 폴로스루가 높아야 한다고 하지 않았던가……. 우선 채가 빠져야 폴로스루도…… 높은 공도…… 있을 것이 아니겠는가.

벙커샷도 클럽을 휘두르는 것에는 변함이 없다. 그렇기 때문에 모래를 때리고 나면 클럽을 휘둘러 빼내지 않으면 안 된다. 절대로 클럽을 모래 속에 박아 넣는 것으로 끝나는 스윙을 해서는 안 된다. 클럽을 빼내면(폴로스루) 그 여세로 공은 뜨게 마련이다. 그렇다고 떠올려치는 타법은 벙커샷에서도 금물이다. 긁어 올려치면 모처럼 클럽 헤드에 붙어 있는 혹(Flange)을 활용할 수 없게 된다. 이 혹을 활용할 줄 아는 사람만이 벙커샷의 왕자가 되리라.

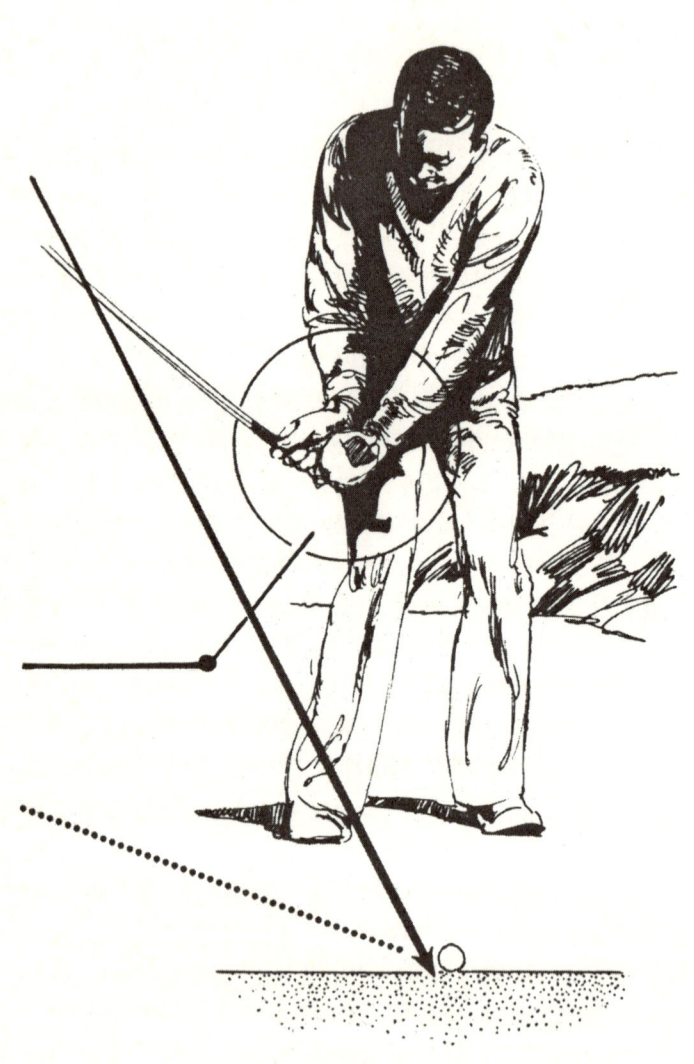

손목 꺾으면 벙커샷 홈런 피할 수 있다

미스샷 중에서도 가장 무서운 미스샷은 벙커에서의 홈런 타구다. 더욱이 그린 뒤편이 OB구역일 때 그린 앞의 벙커샷이 홈런이 되면 어김없이 공은 OB구역으로 달아난다. 그렇기 때문에 홈런 공포증에 걸린 골퍼에겐 그린 앞 벙커는 두려움의 대상이 아닐 수 없다. 벙커샷이 홈런이 되는 것은, 정확히 맞은 공이 거리가 맞지 않아 (길어서) 일어나는 것이 아니라, 클럽 헤드의 밑부분(Leading Edge)이 공 머리를 때리는 토핑이 될 때 일어나는 미스샷이다. 이것은 다운스윙 때 머리가 왼쪽으로 따라가기(Sway) 때문이다.

백스윙을 시작하기 전에 아무리 클럽 헤드를 떨어뜨릴 지점을 정해 놓는다 해도, 다운스윙 때 머리가 따라 움직이면 토핑이 되고 만다. 벙커샷 때 홈런에 대한 공포나 불안에 싸일 경우에는, 백스윙을 시작하자마자 손목을 빨리 꺾으면(Cocking) 어느 정도 홈런 타구는 방지할 수 있다.

오픈 스탠스에서 손목까지 빨리 꺾으면 당연히 클럽 헤드는 목표선 밖으로 올라가서 다운스윙 때에는 클럽 헤드가 모래 속으로 깊이 들어가게 된다. 그러니 공을 직접 맞힌다 해도 공은 멀리 날아갈 수 없어 홈런은 면할 수 있게 된다. 이처럼 벙커샷에서 홈런을 방지하는 예방약은 손목을 꺾는 일이다.

어느 것이나 지나쳐서 좋은 것은 하나도 없지만, 손목을 꺾는 것도 클럽 헤드의 무게 때문에 자연히 꺾이는 것이 이상적이며, 홈런 공포증에 걸린 중환자에게는 의식적으로 손목을 많이 꺾는 것도 이를 해결하는 하나의 방법이다.

공 맞히는 순간 클럽 헤드를 멈춰라

아마추어 골퍼의 스윙은 폴로스루와 피니시가 없는 것이 결점이라고 했다. 그러나 타구마다 피니시가 반드시 있어야 하는 것은 아니다. 때로는 피니시가 없는 타구가 필요할 때도 있다. 딱딱한 흙바닥(Bare Ground)이나 물기에 젖어 있는 벙커에서의 타구가 그렇다. 이런 곳에서는 공을 맞히는 것(Impact)만으로 충분하다. 즉 클럽을 모래 속에 박으면 그 자체가 피니시가 되는 것이고, 절대로 폴로스루를 해야 할 필요는 없다. 모래가 물에 젖어 굳어 있으면 모래가 시멘트처럼 딱딱해진다. 이런 상황에서조차 폴로스루를 하게 되면 공은 필요한 거리 이상으로 달아나고 만다.

벙커샷은 클럽 헤드 밑바닥(Sole)의 반동으로 때리지만, 밑이 딱딱하면 그 반발력은 커지게 된다. 공을 맞히는 순간 딱딱한 지면은 오히려 클럽을 튕겨내게 된다. 그렇지만 이 반발력은 스윙을 작게 만든다. 벙커샷은 어프로치샷과 같은 것이어서 거리감에 대한 미묘한 감각이 필요하다. 그렇기 때문에 비에 젖어 딱딱해진 벙커나 속이 드러난 흙바닥에서는 공을 맞히는 순간 클럽 헤드를 멈추는 것만이 거리 조절을 할 수 있는 유일한 방법이다.

이때 중요한 것은 클럽 헤드를 박는 지점뿐이다. 절대로 뒤땅을 때려서는 안 된다. 되도록 공을 직접 맞혀야 하지만 가장 두려운 것은 홈런 타구다. 밑이 딱딱한 벙커에서는 얼마만큼 공을 정확하게 맞히는가가 문제가 되지만, 이것은 벙커샷 중에서도 비교적 쉬운 쪽에 속한다. 공을 맞히자마자 클럽 헤드를 멈추기만 하면 되기 때문이다.

가는 모래에서 클럽 스윙은 턱 높이까지

모래가 가늘고 부드러우면 푹석거려서 갈피를 잡기 어렵다. 조금이라도 클럽 헤드를 깊이 박으면 생각만큼 공은 멀리 날아가지 않는다. 그렇다고 공 바로 밑을 때리면 필요 이상 거리가 나서 때로는 홈런 타구가 되기도 한다.

젖어 있는 모래에서는 약간 뒤땅을 때려도 클럽 헤드가 미끄러지면서 공 밑을 빠져 나가지만, 모래알이 가는 벙커에서는 그런 행운도 찾아오지 않는다. 이럴 때에는 클럽을 완전히 휘둘러 주는 것만이 묘방이다. 적어도 앞턱 높이만큼 피니시를 해야 공은 벙커에서 빠져 나간다. 벙커 턱의 높이도 각각 다르지만 스윙 전에 피니시의 높이를 정해 놓고 이에 맞춰 클럽을 던져 주면(Follow-Through) 목적한 대로 공은 벙커에서 빠져 나온다. 이처럼 폴로스루가 있는 스윙은 손 끝으로 클럽을 조작하거나 공을 긁어 올려치는 것 같은 원리에 맞지 않는 스윙을 미리 예방해 주기도 한다.

흔히 말하는 스윙으로 공을 친다는 것은 깊은 러프에서의 어프로치샷이나 부드러운 모래 속의 벙커샷이나 똑같은 것이어서 거리에 비해 스윙이 크다고 느낄 정도의 폴로스루가 있어야 한다. 그렇기 때문에 이런 벙커샷은 백스핀이 잘 걸리지 않는 것이 특징이다. 모래를 깊이 파내면 클럽 페이스와 공 사이에 모래가 많이 끼어들어서 그만큼 공의 회전이 둔해지기 때문이다. 그래서 그린에 떨어지면 런(Run)이 많다는 것도 계산에 넣어야 하고, 강타보다는 율동적인 스윙으로 폴로스루의 요령을 익혀야 할 것이다.

벙커샷 거리 조절은 클럽 헤드로

모래를 떠내는 분량으로 벙커샷의 거리를 조절하는 타법이 있다고 했다. 그런데 실제로는 그립을 잡은 두 손의 위치에 따라 모래가 깊이 파지기도 얇게 파지기도 한다.

일반적으로 공이 왼발 뒤꿈치 앞에 있을 때 공보다 그립(손)이 왼쪽(목표 쪽)에 놓이면 모래를 깊이 박아치게 된다. 이렇게 손이 공보다 왼쪽에 있으면 백스윙 때 클럽 헤드가 수직으로 올라가고 다운스윙 때에도 클럽 헤드는 급경사를 이룬 채 내려오게 된다. 이때 클럽 헤드는 모래 속으로 깊이 들어가서 아무리 폴로스루를 하고 싶어도 할 수 없게 된다. 공을 맞히는 것(Impact)이 바로 피니시라는 식의 타법이다. 이런 타구는 공이 낮게 날아가고 많이 굴러간다.

그 대표적인 것이 공이 모래 속에 반쯤 파묻혔을 때의 타구다. 다만 다른 것은 이 경우에 스탠스가 열려 있으면 안 되는 것뿐이다. 스퀘어 스탠스로 공을 맞히자마자 클럽 헤드를 그 자리에 멈춘다는 각오를 해야 공이 빠져 나온다.

이와는 반대로 모래를 얇게 떠낼 때에는 손(그립)을 스탠스 가운데로 옮겨놓는다. 공이 왼발 뒤꿈치 앞에 있을 때 그립을 오른쪽으로 옮기면 자연히 클럽 페이스는 열리게 된다. 이 위치에서 때린 공은 높이 튀어올랐다 그린에 떨어지면 그 자리에 멎는다. 그러나 클럽 페이스를 열면 열수록 공을 바로 맞히기 어려워진다. 그렇기 때문에 오픈 페이스의 타구는 고도의 기술이 필요하고 쉽게 흉내낼 수 없는, 또 그럴 필요도 없는 타법임을 알아야 할 것이다.

벙커샷은 다양한 기술이 필요하다

스윙은 간결할수록 좋고 타법은 단순할수록 좋은 것이 아마추어 골퍼의 이상이다. 그러나 수준급의 프로 골퍼가 되면 단순한 타법만으로는 제왕의 자리에 오를 수도 없고 필요한 만큼의 부와 명예를 누릴 수도 없다. 아무리 뛰어난 투수라도 직구 하나만으로는 프로 야구의 세계에서 살아 남기 어려운 것처럼, 다양한 벙커샷의 기술이 없으면 그린을 지배할 수도 챔피언의 자리에 오를 수도 없는 것이 프로 골퍼의 세계다.

벙커샷도 상황에 알맞는 타법으로 핀을 공략하는 고도의 기술이 없으면 언더파(Under-Par)는 고사하고 경우에 따라서는 파 플레이도 어려워진다. 그 첫번째 기술이 그린 위에 떨어지면 스핀이 걸려서 그 자리에 멎는 구질의 타구다.

이런 구질은 그린이 젖어 있을 때 또는 그린 뒤쪽이 내리막인 때에 필요한 타구다. 클럽 헤드를 떨어뜨리는 지점만 다를 뿐 모든 것이 벙커샷의 기본형과 같다. 이 스핀이 걸리는 타구는 공에 가까운 지점에 클럽 헤드를 떨어뜨려서 모래를 얇게 떠내는 데 특징이 있다.

얼핏 보면 일반 페어웨이에서의 어프로치샷과 같다. 그러나 약간이긴 하지만 모래 속으로 들어간 클럽 헤드를 빼내는 데 고도의 기술이 요구되는 타법이다. 잔디와 모래는 아무래도 저항의 강도가 다르다. 모래 속으로 들어간 클럽 헤드를 빼내지 못하면 이 타구는 미스샷이 되고 만다. 되도록 클럽 페이스와 공 사이에 모래가 끼지 않을 때 스핀이 걸리는 벙커샷은 성공할 수 있다.

러닝익스플로전샷은 그립을 강하게 쥐어야

벙커샷 중에서도 고도의 기술이 요구되는 타구는 러닝 익스플로전샷(Running Explosion Shot)이다. 모래의 폭발에 의해 공이 빠져 나오지만 그린 위에 떨어지면 많이 굴러가는 구질을 말한다. 백스핀이 걸리는 구질과는 정반대의 공이고, 핀이 그린 뒤쪽에 있으며, 핀까지의 거리가 멀 때 필요한 구질이다. 또는 뒤쪽이 올라가는 그린에서 핀이 그린 끝에 있을 때 스핀이 걸리면 공이 뒤로 굴러 내려오는 상황에서도 꼭 필요한 타구다.

이런 타구는 기본부터 다르다. 즉 스탠스만 오픈 스탠스로 서고 클럽 페이스는 정상적인 어드레스 때처럼 스퀘어 페이스가 돼야 한다. 그것은 클럽 페이스와 공 사이에 모래가 많이 끼어들수록 잘 굴러가게 되고, 모래를 많이 퍼내기 위해서는 공보다 먼 지점에 클럽 헤드를 떨어뜨려야 하기 때문이다.

만일 어드레스 때 보통 벙커샷처럼 클럽 페이스가 열려 있다면 클럽 헤드가 모래 속으로 깊이 들어가지 못한다. 이렇게 모래를 많이 퍼내면 모래에 밀려서 공은 날아가지만, 스핀이 적게 걸리기 때문에 그만큼 굴러가는 거리가 길어진다.

이때 주의해야 할 것은 일반 벙커샷 때보다도 모래의 저항에 지지 않을 만큼 그립을 강하게 잡아야 한다는 것이다. 그래야 모래 속 깊이 들어간 클럽 헤드를 빼낼 수 있도록 클럽을 휘두를 수 있기 때문이다. 그렇지 않으면 기껏 모래 속에 들어간 클럽 헤드는 모래 속에서 놀게 되어 클럽 헤드가 빠져 나오기도 전에 미스샷이 되고 만다.

홀컵 지름 108mm는 우연한 수치

어드레스는 이렇게, 스윙은 저렇게…… 이런 식으로 따진다고 모두 나이스샷이 되는 건 아니다. 더욱이 퍼팅한 공이 홀컵을 핥고 지나갈 때 짜릿한 흥분보다는 많은 아쉬움이 남는다. 이런 때 구멍(홀컵)이 좀더 크다면…… 누구나 이런 망상을 안 해본 사람은 없을 것이다.

그렇다. 왜 하필이면 홀컵의 크기는 그 정도밖에 크지 않은 것일까. 분명히 골프 규칙(정의 19항)에는 홀컵의 지름이 108mm라야 한다고 규정하고 있다. 퍼팅 때문에 스코어가 나빠지는 날이면 달덩이같이 큰 홀컵을 연상하기까지 한다. 그렇지만 홀컵이 지금의 크기보다 조금이라도 크든가 작든가 해도 아마 골프의 흥미는 반감됐을 것이고, 아니면 이 세상에서 골프는 자취를 감췄을지도 모른다.

이처럼 퍼팅을 좌우하는 홀컵의 크기는 골퍼의 마음을 빈틈없이 사로잡고 있지만, 당연히 타당성이 있음직한 홀컵의 크기는 어디에 근거를 두고 있는 것일까. 결론부터 말하면 홀컵의 크기 108mm는 우연히 정착하게 된 수치에 불과하다.

옛날 골프의 메카 세인트 앤드루스 코스에서 플레이하던 골퍼가 짧게 잘라진 배수관을 발견했다. 당시의 홀컵 속에는 지금처럼 쇠붙이가 끼여 있지 않아 홀컵 언저리가 무너지거나 헐어서 주말이 되면 쓸 수 없을 정도로 상태가 나빠 골퍼를 괴롭혔다고 한다. 버려진 배수관을 본 순간 이를 홀컵 속에 끼워 보았더니 꼭 들어가 맞았다고 한다. 이것이 계기가 되어 1891년 드디어 배수관의 직경 108mm를 그대로 홀컵의 크기로 정하고 오늘에 이르고 있다.

퍼 팅
Putting

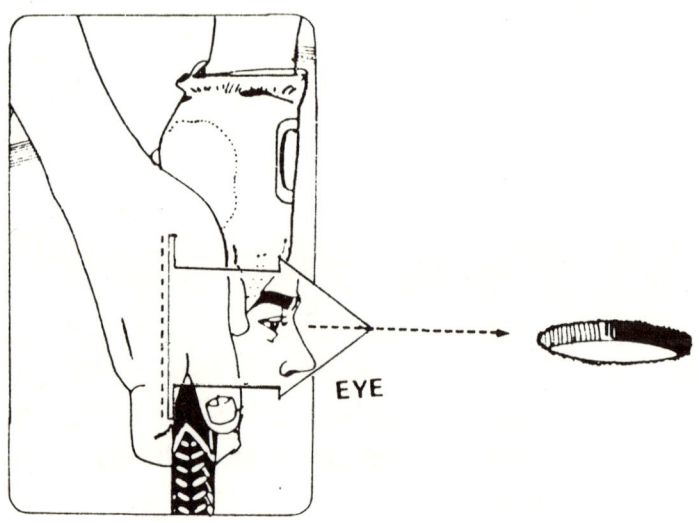

EYE

양손 사이에 눈 있는 듯 퍼팅을

퍼팅에 정해진 폼이 없고 표준 스타일이 없는 것은 누구나 알고 있는 일반론이다. 그린은 운동장처럼 판판한 평지는 없고 홀컵을 중심으로 어느 한쪽으로 기울어져 있거나 높낮이가 있는 것이 정상적인(?) 그린 상태다. 그래서 공이 굴러가는 길(Putting Line)을 정해 놓고도 그것만으로는 안심이 되지 않아 중간 목표까지 설정하게 되는 것이다. 이 중간 목표(Spot)에 맞춰 어드레스를 하고 나면, 두 눈과 중간 목표를 연결하는 선은 결과적으로 퍼팅 라인을 벗어나지 않게 된다.

또한 그립을 잡는 방법에도 틀에 박힌 특정 방법에 얽매일 필요는 없지만, 손 끝에 퍼팅의 섬세한 타구 감각이 잘 전달될 수 있어야 한다는 것이 조건이라면 조건이다. 또 그립을 잡는 힘도 사람에 따라 다르지만, 적어도 퍼팅하는 순간 손 안에서 그립이 놀지 않아야 하는 것이 기본이다. 이것은 일반 타구 때와 마찬가지로 왼손의 끝 세 손가락을 꼭 잡는다는 것을 참고해서 자기 자신의 퍼팅 그립을 완성하면 된다. 이렇게 해서 그립과 퍼팅 라인이 확인되면 온 정신은 공을 맞히는 데만 집중해야 한다.

퍼팅은 직선 운동이 기본이듯이 목표 지점까지는 공이 직선으로 굴러가게 때려야 한다. 바로 이것이 거리와 힘이 맞아야 하는 퍼팅의 기본이다. 이것은 간단한 것 같으면서도 가장 어려운 문제다. 숏퍼팅은 말할 것도 없고 그린 끝에서 끝까지 이어지는 롱퍼팅도 이 원리는 적용된다. 그렇기 때문에 퍼팅은 그립을 잡은 두 손 사이에 마치 눈이 있어서 홀컵을 노려보는 감각이 있어야 하는 것이다.

퍼팅의 기본은 직선 타구

퍼팅은 거리와 방향만 맞으면 공은 어김없이 홀컵 속으로 들어간다. 퍼팅이 어렵다고는 해도 똑바로(직구) 칠 수만 있으면 누구나 퍼팅의 명수가 된다. 휘어 들어가는 퍼팅 라인이 있는 것은 그린의 경사와 잔디의 눈금 때문인데, 이것을 일반 타구의 훅이나 슬라이스처럼 구질 자체가 휘는 것으로 착각하고 있는 사람이 많다. 퍼팅은 다른 타구와 달라서 휘는 공을 칠 필요는 없다. 아니 칠 수도 없지만…… 목표 지점으로 똑바로 치면 그만이다. 이것이 퍼팅의 단순한 원리다.

만일 공이 들어가지 않으면 그것은 목표를 잘못 설정했거나 공을 바로 치지 못한 때문이지 그 이유나 원인을 다른 데서 찾을 필요는 없다. 그렇기 때문에 퍼팅은 직구를 치는 것이 기본이다. 여기에 그린의 경사와 잔디결을 읽을 줄 알면 만점이다. 어느 것도 비중은 같다. 퍼팅 라인을 바로 볼 줄 아는 능력과 공을 바로 맞힐 줄 아는 기술, 이것이 퍼팅의 전부다.

짧은 거리에서는 약간의 경사와 잔디결이 거칠어도 강하게 때리면 직선으로 굴러간다는 것쯤은 누구나 알고 있는 사실이다. 이것은 공에 힘이 있으면 경사나 잔디결의 영향을 많이 받지 않기 때문이다. 그렇지만 아무리 짧은 퍼팅도 거리에 걸맞는 힘으로 때리지 않으면 타구 감각이나 리듬은 흐트러지고 만다. 퍼팅이란 길어도 짧아도 퍼터를 흔드는 리듬이 일정해야 타구 감각이 살아난다. 그래야 거리에 맞는 힘으로 정확하게 때릴 수가 있다.

퍼팅한 뒤 오른쪽 어깨 내밀지 마라

첫번째 타구가 미스샷이 돼도 다음 타구에 기대를 걸어볼 수 있기 때문에 골프는 끝까지 (홀아웃할 때까지) 무한한 희망과 기대를 안겨주는 스포츠다.

골프가 그린에 가까워질수록 어려운 것은 목표물이 좁아지기 때문이기도 하지만 미스샷을 만회할 수 있는 기회가 하나씩 줄어들기 때문이다. 또 골프가 어려운 것은 타구의 결과가 바로 눈앞에 보이기 때문이기도 하다. 공이 목표 쪽으로 날았는지 아니면 퍼팅한 공이 홀컵 속으로 들어갔는지 아닌지는 공을 때리고 나면 바로 알 수 있다. 그런 것을 좀더 빨리 결과를 알고 싶어서 공이 움직이는 동안에 머리를 들게 된다. 공을 치기도 전에 결과만 생각하다 보면 공에서 눈이 떨어지게 되고 그러면 자연히 머리가 움직이게 된다.

공을 치고 나서도 머리는 공 뒤에 남아 있어야 한다고 했다. 이것이 골프의 기본이고 철칙이다. 그러나 그것을 실행하기는 어렵다. 숏퍼팅처럼 목표(홀컵)가 바로 눈앞에 있으면 쉽게 얼굴을 돌리게 된다. 일반적으로 공에서 눈이 떨어지면 얼굴이 들린다고 생각할 수 있지만, 그것보다는 퍼팅 때 오른쪽 어깨가 앞으로 나오기 때문에 어깨에 밀려서 얼굴이 움직이게 되는 것이다. 오른쪽 어깨가 정상적인 위치(어드레스 때의 위치)에 그대로 있으면 퍼팅 후에도 머리는 그대로 남게 된다.

숏퍼팅을 놓치는 것은 대개 오른쪽 어깨가 앞으로 나오면서 퍼터 헤드가 밖에서 안으로 움직이며 공을 맞히기 때문이다.

퍼팅은 기술보다 감각으로 하라

일반 아마추어 골퍼는 드라이버샷에서 승패가 판가름나지만, 프로 골퍼는 그린 위에서 승부가 결정된다. 골프의 타구 종류는 여러 가지가 있다. 그러나 퍼팅만은 골프의 또 다른 별세계를 보는 것처럼 이론만으로는 풀리지 않는 장면이 얼마든지 일어난다. 그렇기 때문에 플레이어 자신도 이런 관점에서 퍼팅을 생각하지 않으면 안 된다.

두말할 것도 없이 퍼팅은 퍼팅 라인(Putting Line) 위로 공이 굴러가도록 하는 것이 목적이지만, 엄밀히 말하면 공이 가야 할 곳으로 보낼 줄 알아야 한다. 이를 위해서는 끊임없는 공과의 애정어린(?) 대화와 이해가 있어야 한다. 공이 어디로 가고 싶은지 공에게 물어봐서 그곳으로 때릴 줄 아는 감정이 뒤섞인 타구라야 한다는 말이다. 그렇기 때문에 플레이어는 생명이나 감정이 없는 기계처럼 움직여서는 안 된다. 항상 공에게 감사하고 공과의 대화 속에서 퍼팅 라인을 찾아내야 공이 홀컵 속으로 들어가는 길은 열린다.

퍼팅은 어떤 형식에 얽매일 필요는 없다. 어디까지나 타구 감각을 살리는 것만이 최선의 방법이다. 홀컵과 공을 연결하는 퍼팅 라인 중간에 어떤 표적을 찾아내서 공이 그 위를 통과하면 된다. 이렇게 중간 지점이 정해지고 이에 맞춰 어드레스를 하고 나면 스윙과 거리감만으로 공을 자신 있게 때려야 한다.

아무리 어드레스가 좋고 퍼팅 라인을 바로 읽어도 공이 홀컵 속으로 들어가지 않는 이유는, 공이 퍼팅 라인을 타고 지나가도록 때려주지 못했기 때문이다.

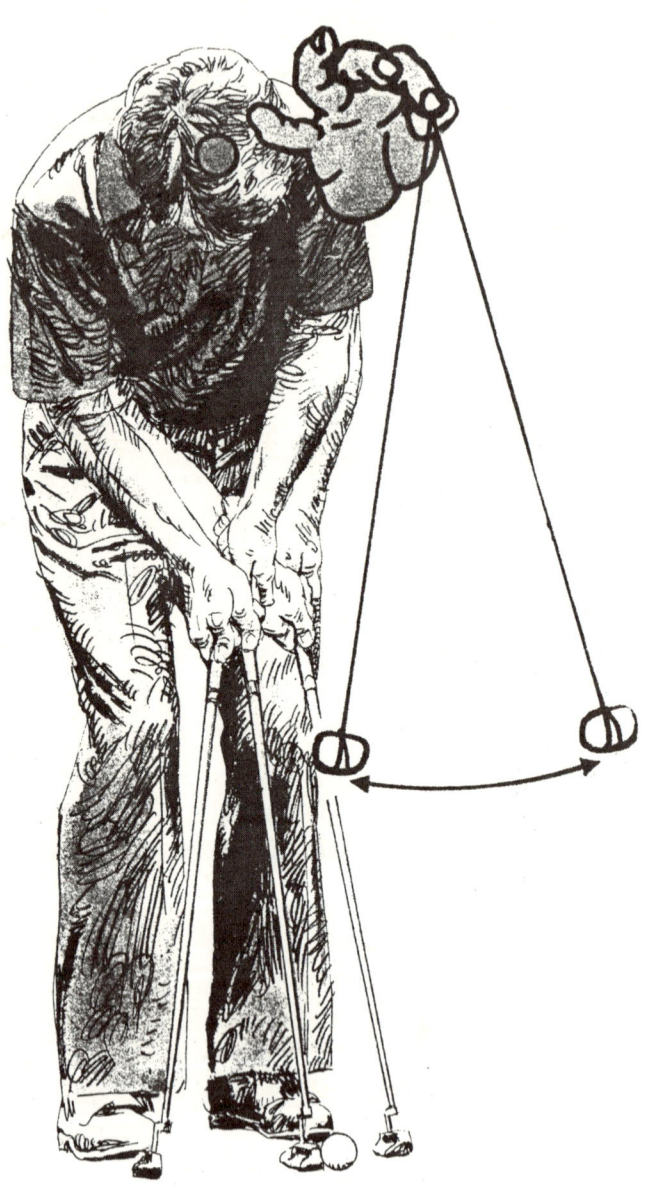

짧은 퍼팅은 그립을 짧게 잡아라

퍼팅 폼은 누가 뭐래도 자기에게 맞아야 좋은 폼이 된다고 했다. 그렇기 때문에 퍼팅은 자세가 타법까지도 결정지어 주게 된다. 자기 자신에게 가장 안정감을 느끼게 하는 폼, 이것이 바로 가장 좋은 폼이고 퍼팅은 이 자세에 맞는 타법을 개발하면 되는 것이다. 그래서 긴 거리의 롱퍼팅과 짧은 거리의 숏퍼팅의 자세가 약간 다르다고 문제될 것은 없다.

어느 쪽도 공에서 홀컵까지의 퍼팅 라인을 보기 쉽게 하는 자세라면 그만이다. 짧은 퍼팅은 몸을 숙이고 그립을 짧게 잡는 것이 좋은 것은, 그래야 스윙 폭이 작아져서 퍼터 헤드가 흔들리는 오차의 폭을 작게 하기 때문이다. 퍼터를 길게 잡는 것보다 짧게 잡으면 공을 퍼터 헤드의 중심부에 맞는 확률이 높아져서 방향이 정확해진다. 반대로 먼 거리의 퍼팅은 몸을 세워서 홀컵까지의 퍼팅 라인을 확인하기 쉬운 자세를 해야 한다. 어떤 자세라도 한 방에 들어가면 할 말은 없지만, 롱퍼팅은 대개 핀에 붙여서 2퍼팅으로 아무리지을 수 있으면 대만족이다. 몸을 세우면 스윙을 크게 할 수 있고 그린의 경사와 기복(Undulation) 상태를 똑똑히 알 수 있게 된다.

좀더 퍼팅 라인을 확인하기 쉬운 자세는 오픈 스탠스다. 오픈 스탠스의 퍼팅 자세는 헤드업을 막아주는 역할까지 해 일석이조의 효과가 있다. 또 숏퍼팅과 롱퍼팅 때의 힘을 어떻게 조절하는가 하는 것도 중요한 문제다. 일반적으로 숏케임의 거리 조절이 그렇듯 퍼팅의 거리 조절도 백스윙의 크기로 일관성 있게 조절하는 것이 가장 좋은 방법이다.

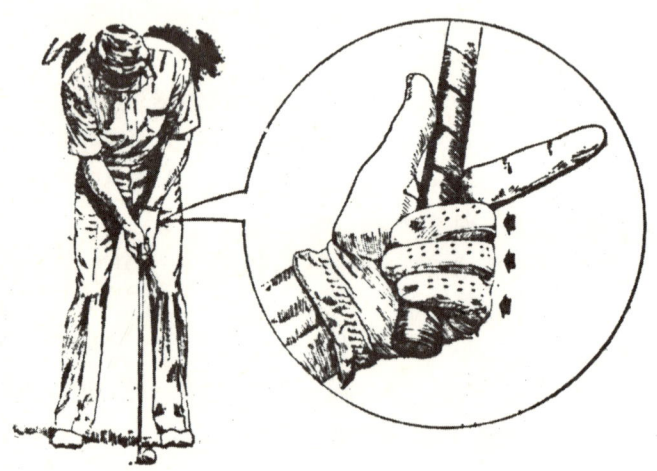

숏퍼팅 때도 폴로스루 해줘야

손가락 하나만 움직여도 민감한 반응을 보이는 것이 골프지만 숏퍼팅처럼 기분을 좌우하는 것도 없을 것이다. 그러면서도 마음 먹기에 따라 결과가 달라지는 것도 숏퍼팅이다.

2~3m의 퍼팅이 들어가지 않으면 아쉬움은 있어도 그런 것이려니 하고 이해하면 기분이 상할 것까지는 없다. 그러나 1m안팎의 퍼팅을 놓치면 아쉬움은 도를 넘어 다른 타구에까지도 영향을 미친다. 숏퍼팅 때 필요한 것은 꼭 넣어야겠다는 강한 의지와 반드시 넣을 수 있다는 자신감이다. 엉거주춤 자신 없이 때리면 절대로 들어가지 않는다. 아무리 짧은 거리라도 확실하게 때리지 못하면 공은 바로 굴러가지 못하고 잔디결의 영향을 많이 받게 된다. 즉 홀컵을 30㎝ 정도 지나갈 정도의 힘으로 강하게 때려야 한다는 말이다. 그것을 홀컵에 겨우 닿을 정도의 힘으로 치기 때문에 홀컵에 닿기도 전에 공은 잔디결을 따라 휘고 만다. 숏퍼팅을 세게 때리면 어느 정도의 경사는 무시하고 퍼팅 라인을 직선으로 설정해도 되는 이점이 있다.

특수한 경우를 제외하곤 홀컵 중앙을 보고 때리면 되는 것이다. 또 한 가지 꼭 지켜야 할 것은 숏퍼팅도 내리막 라인을 빼고는 반드시 폴로스루를 해줘야 한다는 사실이다. 공을 맞히자마자 퍼터 헤드를 멈추면 거리감도 나빠지고, 그 순간 퍼터 페이스의 방향이 미묘하게 움직여서 결과적으로는 공의 방향까지 흐트러지게 만든다. 퍼터 페이스의 방향이 흔들리지 않고 공을 정확하게 맞히기 위해서는 왼손의 끝 세 손가락에 힘을 주어 꼭 잡는 것이 요령이다.

롱퍼팅은 핀 옆에 붙이는 기분으로

퍼팅은 공을 홀컵 속에 넣는 것이 목적이기 때문에 방향의 정확성이 요구되는 것은 당연한 일이다. 그러기 위해서는 공에서 홀컵까지의 거리와 공이 굴러갈 길(Putting Line)을 확실하게 알아둘 필요가 있다. 공 뒤에서 홀컵까지의 경사를 확인하는 것도 퍼팅 라인을 찾아내기 위해서다. 그런가 하면 홀컵까지 걸어가면서 거리를 확인하는 습관도 길러야 하고 잔디의 빛깔(반사광)로 잔디결을 알아내는 요령도 기술 못지않게 중요한 요소다.

이런 여러 가지 요소들을 확인하면 상황에 맞게 퍼팅을 해야 함은 물론이다. 다만 홀컵에 경사가 있을 때에는 높은 쪽을 목표로 삼아야 하는 것도 수준급 골퍼의 퍼팅 요령이다. 이런 세심한 배려가 있다고 해서 문제가 다 해결되는 것은 아니다. 바로 퍼팅 거리가 길 때(Long Putting) 문제는 그대로 남는다.

롱퍼팅은 어프로치 퍼팅(Approach Putting)이라고 할 만큼 어려움이 있다. 보통 어프로치샷이 핀에 붙이는 타구라면 롱퍼팅도 핀 가까이 붙이는 것이 목적이란 뜻이다. 이것을 1퍼팅으로 넣으려고 하면 예상 외로 짧아지거나 길어져서 3퍼팅의 비운을 맛보게 된다. 그렇기 때문에 1퍼팅을 목표로 삼기보다는 확실하게 2퍼팅으로 마무리짓기 위해 롱퍼팅은 핀 가까이 붙여서 다음 퍼팅을 수월하게 할 수 있도록 해야 한다.

1라운드의 퍼팅 수가 36이라면 수준급의 골퍼다. 다만 자신 있는 퍼팅을 하기 위해 거리와 방향을 확인하면, 오직 공을 맞히는 것(Putting)에만 정신을 집중할 일이다.

거리감(힘)이 홀인의 필수조건

스윙은 상상력의 대결이라지만 퍼팅이야말로 상상력의 경쟁이다. 그린의 경사와 잔디의 눈금, 여기에 거리까지 맞춰서 얼마만큼 퍼팅 라인을 정확하게 설정할 수 있는가가 승부의 관건이다. 머리 속에 떠올린 퍼팅 라인이 잘못되면 아무리 공을 맞히는 기술이 뛰어나도 공은 홀컵 속으로 들어가지 않는다. 그래서 퍼팅 라인을 읽는 능력도 골프 기술의 큰 요소가 되지만 퍼팅 라인이라고 하면 대개 실처럼 가는 선을 생각하기 쉽다. 틀림없이 홀컵의 중심과 공의 중심을 연결하는 선은 넓이가 없는 단순한 선에 불과하다.

그러나 공이 좌우 어느 쪽으로라도 약간만 빗나가도 퍼팅 라인을 벗어나는 그런 여유가 없는 인색한(?) 선은 결코 아니다. 적어도 공이 타고 굴러갈 만한 폭은 있는 것이고 또 있어야 한다. 그런 의미에서 퍼팅 때 공이 따라가는 길은 '퍼팅 라인'(Putting Line)이 아니라 '퍼팅 벨트'(Putting Belt)라고 하는 편이 훨씬 이해가 빠를 것이다.

퍼터 종류에도 좌우되지만 일반적으로 퍼터 페이스는 공 3개를 놓고 칠 만큼의 폭이 있다. 또 홀컵의 넓이도 공 2개 반이 들어갈 만큼의 공간이 있다. 말하자면 퍼터의 폭과 홀컵의 폭을 연결하는 띠(Belt)가 있다고 생각하면 퍼팅 라인은 선에서 면으로 바뀌게 된다. 그러면 심리적인 부담은 덜어져서 퍼팅에 자신감을 얻게 된다. 공이 다소 중심 라인에서 벗어나도 거리감(힘)만 정확하면 공이 홀컵 속으로 들어가는 확률은 높아진다. 이것이 퍼팅의 묘미인 것이다.

안정감 있으면 퍼팅 폼에 왕도는 없다

퍼팅은 어느 상황에서 동일한 타법을 고집할 필요는 없다. 공 위를 쳐서 오버 스핀이 걸리게 하는 타법, 퍼터 앞쪽을 이용해서 공을 깎아치는 방법 등 여러 가지가 있다. 골프에서는 비록 10㎝의 퍼팅이라도 300야드의 드라이버샷과 똑같은 1타이기 때문에 아무리 짧은 퍼팅도 신중하게 하지 않으면 안 된다.

퍼팅이 잘 안 되면 퍼터탓을 하거나 타법의 잘못으로 돌리게 되지만, 이런 때에는 퍼팅 자세를 점검해 볼 필요가 있다. 타법은 타구 자세에 따라 여러 가지로 바뀐다. 좌우 양쪽에 중심을 싣고 왼발 앞에 공을 놓고 때리면 오버 스핀이 걸리게 된다. 또 몸을 고정시키고 손목을 써서 시계추처럼 흔들어 치면 공은 튕겨 나가는 것처럼 굴러간다.

퍼팅 폼은 그야말로 백인백색이다. 심지어 직업 선수들까지도 퍼팅 폼만은 표준형이 없는데 일반 골퍼야 말할 것도 없다. 그래도 한 가지 분명한 것은 어떤 자세로 퍼팅을 해도 공이 홀컵 안으로 들어가기만 하면 할 말이 없다. 폼만 좋고 퍼팅수가 늘어나는 것보다는 어떤 자세로라도 퍼팅수가 줄어든다면 그만이다. 그렇다고 퍼팅 자세를 아무렇게나 해도 되는 것은 아니다. 남이 뭐라 해도 자기 자신이 편하고 안정감만 있으면 그것이 바로 개성에 맞는 퍼팅 폼이 되는 것이다. 그렇기 때문에 퍼팅은 타법을 탓하기 전에 자기에게 맞는 자세를 개발하는 데 신경을 써야 하고, 그래야 퍼팅수가 줄어들어 그린을 정복할 수 있는 길이 열릴 것이다.

스코어 줄이는 데는 퍼팅이 제일

스코어가 좋든 나쁘든 즐거운 것이 아마추어 골프의 세계다. 그러면서도 오직 1점을 줄이기 위한 노력은 오늘도 계속된다. 바로 여기에 골프의 양면성이 있는 것이다. 골프에서 스코어를 쉽게 줄일 수 있는 방법이 있다면 그것은 퍼팅뿐이다. 그린 위에 올라간 공을 힘들이지 않고(?) 홀컵 속으로 굴려 넣으면 되는 간단한 타구처럼 보이는 것이 퍼팅이다.

그러나 스코어라는 측면에서 보면 드라이버샷과 동등한 1타의 자격을 갖는다. 아니, 생각하기에 따라서는 그 이상일 수도 있다. 드라이버는 18홀을 도는 동안 기껏해야 14번밖에 쓸 기회가 없지만 퍼팅은 홀마다 2퍼팅으로 마무리한다 해도 36회나 된다. 일반 아마추어 골퍼가 파플레이를 한다는 건 어려운 일이지만, 홀마다 평균 2퍼팅으로 홀아웃하는 것은 다른 타구에 비하면 문제가 되지 않을 정도로 쉬운 것이다.

티에서 그린 위에 올릴 때까지의 타구가 훨씬 어렵고 타수를 줄이기도 쉽지 않다. 관록을 자랑하는 중견 골퍼도 티샷에서부터 그린에 올리는 어프로치샷까지 규정 타수를 1~2타 초과하기는 쉽지만, 아무리 초보자라도 그린마다 3퍼팅은 하지 않는 것이 보통이다. 그러나 3퍼팅은 고사하고 때로는 4퍼팅까지 하게 되는 경우도 가끔 일어난다. 그런가 하면 초보자라도 퍼팅만은 스크래치 플레이어 이상으로 잘하는 사람도 얼마든지 있다.

그렇기 때문에 스코어를 줄이는 데는 퍼팅이 제일이라고 말할 수 있다.

손목 흔들림 없어야 '굿 퍼팅' 나온다

대수롭지 않게 여기는 퍼팅도 스코어의 절반이 퍼팅이라면 약간은 긴장하게 될 것이다. 파플레이가 가능한 수준 높은 골퍼의 퍼팅 수도 30타수 이상이나 된다. 그렇기 때문에 골프에서 동일한 종류의 타구수가 가장 많은 것은 퍼팅뿐이다. 골프의 대명사처럼 등장하는 드라이버도 14번밖에 쓸 기회가 없다. 이처럼 중요한 퍼팅인데 연습은 별로 하지 않는다. 그러면서도 당연히 퍼팅 연습은 방안에서도 가능하다고 누구나 생각하고 있을 것이다.

아무렇게나 때려도 공은 틀림없이 앞으로 굴러가는 퍼팅은 방향성을 중시하는 타구는 아니다. 퍼터라는 도구는 특색이 있긴 있어도 방향이 크게 틀어지는 일이 드문 것이 본질이다. 문제가 되는 것은 방향성이 아니라 거리감이다. 거리감은 엄격히 말하면 힘이지만 이것은 공을 맞히는 순간의 감각(Touch)이다. 그렇기 때문에 퍼팅 연습은 방안에서도 가능한 것이다. 꼭 목표를 정해 놓고 마치 홀컵 속에 넣는 것 같은 연습을 할 필요는 없다.

퍼팅은 거의 직선 운동에 가까운 스윙과 퍼터 중심으로 공을 맞히는 연습만 하면 소기의 목적은 달성할 수 있다. 거실의 카펫 위도 좋고 담요 위도 좋다. 골프 스윙에서 손목의 힘은 중요한 요소라고 강조하지만, 퍼팅에서도 손목의 힘은 무시할 수 없다. 손목이 흐늘흐늘하게 흔들리는 사람일수록 스윙이 불안정하기 때문에 이런 때에는 손목을 쓰지 않는 타법이 바람직하다. 한겨울 동안 손목의 힘을 길러서 손목을 쓰지 않는 퍼팅의 요령도 배워 두자.

보조 그린서 퍼팅하면 로컬룰 위반

우리 나라 골프 코스는 홀마다 2개의 그린이 있다. 소위 A그린과 B그린이다. 원래 그린은 한 개만 있으면 충분하고, 또 그것이 골프 코스의 이상형이다. 한 개의 그린을 목표로 플레이할 때 코스 공략의 오묘한 맛은 살아난다. 그린이 하나면 코스 중간의 장애물이나 그린 주위의 방어용 벙커와 연못 같은 것도 제 구실을 다할 수 있어 그만큼 아기자기한 플레이가 가능하다. 이런 전략적인 의미에서도 그린이 한 개만 있는 것이 골프 코스 본래의 모습이다.

그런데 우리 나라 코스에는 그린이 2개 있다. 1년이면 6개월 이상 잔디가 자라지 않는 기후 탓도 있겠지만, 연중무휴의 골프장은 숨쉴 틈도 없다. 그래서 그린 하나만 가지고는 급증하는 골퍼를 받기에는 역부족이다. 내장객이 많으면 많을수록 골프장의 심장부라고 할

수 있는 그린도 그만큼 많은 상처를 입게 된다.

여기에 대처하기 위해서 고안해낸 것이 2그린 시스템(Two-Green System)이다. 2개의 그린을 번갈아 사용하면 숨을 쉴 수 있는 휴식시간을 만들어 준다. 더욱이 겨울철에는 한쪽 그린(A그린)을 완전히 보호해서 봄철에 대비하는 기회로 삼는다. 그린이 2개 있어도 핀(Flagstick)이 꽂혀 있는 (그날 사용하는) 그린을 빼곤 규칙상으로 단순히 코스의 한 부분(Through the Green)에 불과하다.

그런데 쓰지 않는 그린(보조 그린)에 공이 올라갔을 때의 처리가 궁금해진다. 보조그린(Sub-Green)에 올라간 공은 로컬룰로 처리규정을 명시하지 않았을 때는 그대로 쳐도 무방하지만, 로컬룰에 명시돼 있을 때는 퍼터로 치는 것도 룰 위반임을 알아야 한다.

연습방법
Practice Drill

티의 높이는 타구에 큰 영향

"볼은 규칙에서 정한 경우를 제외하고는 있는 그대로의 상태로 플레이해야 한다"고 골프 규칙(13조1항)은 못박고 있다. 그러나 팅그라운드에서는 공을 놓고 싶은 곳에 그것도 티 위에 올려놓고(Tee-up) 칠 수가 있다. 즉 티샷만큼은 플레이어가 가장 치기 쉬운 조건을 만들어서 칠 수 있도록 배려하고 있는 것이다. 그렇지만 임의로 좋은 조건을 만들어낼 수 있는 것을 오히려 어려운 상황 속에서 쳐야 하는 부담을 자처하는 사람이 많다. 그것은 무심히 꽂는 티의 높이가 타구에 미치는 영향이 얼마나 큰가를 모르기 때문이다.

장타의 조건 중에 티를 높이 꽂으라는 것이 있다. 거리를 필요로 하는 우드샷이나 롱아이언샷은 어느 정도 티가 높아야 치기 쉽다. 그렇다고 지나치게 높아도 좋다는 말은 아니다. 반대로 티의 높이가 낮으면 뒤땅을 치기 쉽고 떠올려치는 스윙을 하는 사람은 토핑이 되기도 한다. 공이 낮으면 아무래도 다운블로로 내려찍게 되어 폴로스루를 할 수 없는 스윙이 되고 만다. 그러면 결과적으로 클럽 페이스가 열려서 슬라이스가 난다.

숏아이언샷에서도 사정은 마찬가지다. 숏아이언을 쓸 때 티를 높이 꽂아도 문제가 생긴다는 말이다. 공이 뜨지 않는 사람들은 숏아이언샷 때에도 티를 높이 꽂는 경향이 있는데, 공이 뜨지 않는 것은 티가 낮아서가 아니라 스윙 자체가 잘못돼 있기 때문이다. 이런 사람들이 티를 높이 꽂으면 오히려 공중볼이 되면서 거리는 짧아진다. 이토록 티샷 때 티의 높이를 적당히 조절하면 어느 정도의 미스샷은 막을 수 있다.

정신집중, 자신감, 자기억제는 굿샷 3요소

골프를 배울 때 가장 먼저 부딪히는 어려운 관문은 스윙이다. 그래서 스윙을 바로 하기 위해 유명 프로 골퍼의 흉내를 내는 것은 결코 잘못된 방법은 아니다. 그러나 아마추어 골퍼가 쉽게 흉내낼 수 없는 독특한 스윙 스타일도 있다.

그 대표적인 것이 아놀드 파머의 박력 넘치는 높은 피니시 자세다. 결코 정통적인 스윙 폼은 아니더라도 그의 스윙에는 자신감이 넘쳐 흐른다. 그의 스윙을 보면 어드레스에서부터 피니시까지 확고한 신념 속에 진행되는 동작임을 알 수 있다. 스윙 폼뿐만 아니라 페어웨이를 걸어가는 모습에서도 자신감으로 뭉쳐진 물체가 살아 움직이는 것 같은 착각마저 하게 된다.

골프의 내면적인 조건에 정신 집중(Concentration), 자신감(Confidence), 자기 억제(Control)라는 3요소가 있다. 이 3요소(3Cs 또는 Cons라고 하기도 하지만)가 나이스샷을 만들어 내고 훌륭하게 게임을 운영하는 데 없어서는 안 될 심리적 필수조건인 것만은 분명하다. 조금도 흐트러지지 않는 정신 집중, 반드시 나이스샷을 날리고야 만다는 자신감, 그리고 일체의 유혹이나 불안을 떨쳐 버리는 자기 통제력……. 이것만 있으면 누구나 나이스샷이 가능하다. 물론 스윙이라는 기계적인 동작을 바로 할 수 있다는 전제에서다. 이렇게 심리적인 충실도가 타구에 미치는 영향은 막중한 것이다.

연습장에서는 나이스샷을 날리면서도 코스에만 나가면 미스샷투성이인 것은 바로 이 내면적인 3요소가 불완전하기 때문이다.

공을 바로 맞히려면 헤드업은 금물

스윙의 1차적인 목적은 공을 보다 멀리, 보다 정확하게(Far and Sure) 보내는 데 있다. 이를 위한 첫번째 단계는 우선 공을 바로 맞힐 줄 알아야 한다. 공을 정통으로 맞히기 위해서는 무엇보다도 공을 보고 때려야 하는 것은 너무나도 당연한 일이다. 이를 위한 교훈이 헤드업의 금지 조항이다. 말하자면 시각에 호소하는 직설적인 경고인 셈이다.

그것을 이번에는 청각과 결부시켜 생각해 본다. 세계적으로 유명한 프로 골퍼 중엔 캐디 출신이 많다. 이들은 낮에는 일 때문에 연습공을 칠 시간이 없었다. 그래서 어두워지기 시작할 무렵에야 연습을 하게 되지만 자연히 공의 행방을 눈으로 확인할 수가 없었다.

눈으로 볼 수 없으니 귀로 들을 수밖에 딴 길이 있을 리 없다. 청각은 시각보다도 민감하게 반응할 때가 있다. 귀를 기울이면 의외로 정신 집중이 잘 되니 말이다. 시각을 강조해서 지나치게 공을 응시하면 오히려 근육이 굳어서 스윙이 경직되기 쉽다. 그러나 어둠 속에서는 눈으로 볼 수 없기 때문에 타구음이나 클럽 헤드가 움직이는 소리로 구질을 판단할 수밖에 없다. 이때 타구음이 오른쪽 귀에 들리면 미스샷이고, 왼쪽 귀로 스윙 소리를 들을 수 있게 되면 거의가 나이스샷이라고 한다. 물론 이것도 입신의 경지에 이른 각고의 노력 끝에 얻어진 결정이다. 이것도 결과적으로는 헤드업을 하지 않는다는 것이다. 왼쪽 귀로 스윙 소리를 듣기 위해서는 절대로 머리를 들지 않는 것이 첫째 조건이다. 그러면 스윙축도 안정되어 타구마다 나이스샷이 될 것이다.

머리 속에 자신만의 플레이를

공을 칠 때 모든 잡념을 버리고 공에만 정신을 집중시킬 수 있으면 비교적 미스샷이 줄어들고 골프 기량도 빨리 늘게 된다. 골프는 자기 자신이 코스와 싸우는 경기라고 하지만, 동반 경기자의 플레이에서 많은 영향을 받게 되는 것도 사실이다. 공 하나로 서로 공방전을 벌이는 경기(축구, 배구, 농구처럼)라면 모든 상황이 한눈에 보이지만, 서로 자기 공을 치는 골프에서는 눈에 보이지 않는 심리전(?)이라는 것이 있게 마련이다.

상대방 페이스에 말려서 스코어를 그르치거나 압박감 때문에 스윙 감각을 잃는 때가 적지 않다. 이런 때 중요한 것은 항상 자기 페이스를 지키면서 플레이할 수 있는 냉철한 자신감뿐이다. 즉 자기 자신의 플레이를 할 줄 알아야 한다는 말이다.

아무리 골프가 남을 방해하지도 방해받지도 않는 게임이라고 하지만, 승패를 가릴 때에는 어떤 형태로든 방해받는 요소가 나타나게 된다. 물론 눈앞에 보이는 공격 상대는 골프 코스다. 코스를 어떻게 공략하는가에 정신 집중을 해야 하고 이를 기초로 해서 플레이에 최선을 다해야 한다. 그러면 상대방 플레이에 영향을 받지 않고 오히려 상대방이 스스로 말려드는 결과로 이어지기도 한다.

코스를 공략하는 가장 효과적인 방법은 자기 구질에 맞는 목표 지점을 머리 속에 그려 놓고 공을 쳐야 하는 것이다. 아무 목표도 계획도 없는 타구는 공도 제멋대로 날아가게 된다. 일단 결단을 내리면 자신 있게 홀을 공략하라. 이것만이 미스샷을 줄이는 심리전이 될 것이다.

주위 환경은 마음 가짐에 달려 있다

골프는 자연 속에서 플레이하는 게임이기 때문에 코스 주변의 경관도 플레이에 많은 영향을 준다. 때로는 플레이에 방해가 되기도 하고 때로는 큰 도움이 되기도 한다.

골프처럼 갖가지 저항에 부딪히는 경기도 없을 것이다. 골프 코스는 해변가에, 깊은 산속에, 넓은 들판에 각양각색의 환경을 배경으로 만들어지지만 숲속과 벙커에서, 언덕이나 낭떠러지에서, 때로는 비바람 속에서 그야말로 천태만상으로 변모하는 자연속에서 펼쳐지는 게임이다.

바로 이런 곳에 골프의 묘미가 있는 것이다. 고작 100야드도 안 되는 어프로치샷도 그린 앞에 연못이나 벙커가 있다든가 비바람이 세차게 불어오면 그때마다 작전도, 타구 요령도 달라져야 한다. 골프 코스는 자연 속의 한 부분이다. 그래서 골프를 자연과의 싸움이라고 하는 것이다.

자연에 현혹되는 것도, 때로는 자연 조건을 이용해서 내 편을 만드는 것도 골퍼의 마음 가짐에 달려 있다. 어떤 때는 하늘 높이 떠 있는 뭉게구름을 표적 삼아 공을 칠 수도 있다. 그린 위에 꽂혀 있는 핀(Flagstick) 대신 구름 속으로 공을 날려 보낸다고 생각하면 얼마나 낭만적이고 목가적인 발상인가 말이다. 이것은 직선 타구의 어프로치샷이 아니라 포물선의 타구를 유도하는 심리적인 작전인 것이다.

이론의 기초 위에 실기를 겸해야

골프에 지름길은 없다. 그렇지만 골프를 시작하면 누구나 빨리 기술이 늘기를 기대한다. 심지어 어떤 마법 같은 효력을 지닌 비법을 찾아 헤매지만 기본을 충실하게 이행하는 부단한 노력(연습)만이 기술 향상을 위한 가장 빠르고 정확한 길이다. 흔히 말하는 기술을 습득할 때 제일 먼저 하는 일은 흉내내기다. 골프도 예외는 아니고 그 대표적인 것은 프로 골퍼에게서 찾아볼 수 있다.

어떤 것이든간에 몸으로 익히는 '기술'은 일찍 시작할수록 좋다. 프로 골퍼의 대가 중에 캐디 출신이 많은 것도 그런 이유 중의 하나다. 그들은 어릴 때부터 명수들의 기술을 어깨 너머로 보고 흉내내면서 골프를 배운다. 모방에서 출발한 골프가 세월의 흐름에 따라 자기 자신의 개성 있는 골프로 성숙하게 된다.

아마추어 골퍼 중에도 체력이 뒷받침이 된 유연한 운동 신경을 가진 사람은 제법 흉내를 잘 내서 쉽고 정확하게 공을 칠 수 있는 사람도 있다. 물론 정상을 달리는 프로 골퍼나 뛰어난 아마추어 골퍼의 스윙만 보고 본능적으로 타법의 오묘(?)한 요령을 터득하는 사람은 예외로 치자. 그것은 평범한 운동 신경을 가진 보통 사람에겐 도저히 기대할 수 없는 일이기 때문이다.

그래서 평범한 초보자들은 공을 때리는 방법을 배울 때 스윙을 하나의 통일된 동작으로 보지 않고 그립, 스탠스, 스윙이라는 3단계의 기본 동작으로 구분해서 하나하나 익히는 것이 좋은 방법이다. 실제로 프로 골퍼의 지도를 받을 때에도 역시 이 3요소의 기본부터 출발하게 될 것이다. 사람마다 특징이 있고 버릇도 있지만 일반적으로는 이론보다는 실제의 몸놀림(동작)을 통해서 지도하게 된다.

고급 기술 익히는 게 능사는 아니다

룰도 동일하고 플레이 방식도 같지만 프로와 아마추어 골프는 근본적으로 다른 것이고 또 달라야 한다. 첫째 골프를 하게 되는 동기와 목적부터가 다르다. 프로 골퍼는 말 그대로 골프가 직업이기 때문에 골프가 생계의 수단이고, 누가 뭐라 해도 프로 골퍼로서 활동할 수 있는 동안 많은 돈을 벌어야 한다.

그렇지만 아마추어 골퍼는 사정이 좀 다르다. 바르고 즐거운 플레이만 할 수 있으면 기량은 떨어져도 골퍼로서 조금도 부족함이 없다. 핸디캡 30과 10 사이에는 20이라는 큰 캡이 있는 것처럼(?) 보이지만, 사실은 다른 것이 하나도 없는 것이 아마추어의 골프다. 물론 기량이 뛰어나서 챔피언이 되는 것도 나쁠 것은 없지만, 보다 중요한 것은 골프를 통해서 얼마만큼 노력하는 인생, 건강한 인생을 사느냐가 기량이 뛰어난 것보다 몇 배나 더 값진 것이다. 그러면서도 프로 골퍼의 뛰어난 기량을 볼 때마다 탄성은 터지고 부러워하는 것은 어쩔 수 없는 골퍼의 심리다.

프로 골퍼의 벙커샷을 보라. 벙커에서 친 공이 비교적 낮게 날아가서 홈런이 될 것 같은 착각을 일으키지만, 그린 위에 떨어진 공은 백스핀이 걸리면서 그 자리에 멎는다. 이런 구질의 벙커샷을 아마추어 골퍼도 할 수 있다면…….

이런 구질은 클럽 페이스와 공 사이에 모래가 끼여들지 않도록 클럽을 빨리 빼면 가능한 타법이다. 여기에는 두 가지의 필수조건이 있다. 그것은 겨냥한 지점에 정확하게 클럽을 떨어뜨리는 능력과 공을 맞히는 순간 클럽을 빼내는 요령이다. 물론 이것은 고도의 기술 없이는 하기 힘든 타법이다.

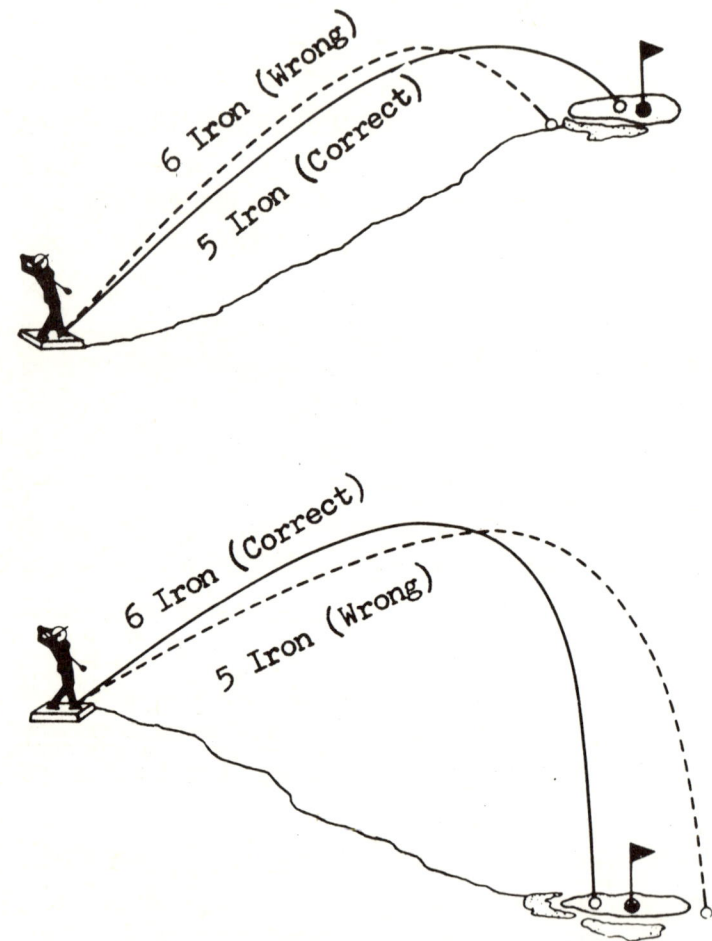

오르막 홀에선 길게 쳐라

분명히 팔로 때리는 게임인데 골프를 머리의 싸움이라고 하는 데는 그럴 만한 이유가 있다. 파 4홀에서의 2온이나 파 5홀에서의 3온은 비교적 가능하다고 생각하는 사람도 파 3홀에서의 1온 (One On)은 생각만큼 쉽게 되지 않을 때가 많다.

18홀 중 대개는 파 3홀이 4개 있다. 이들은 다른 홀보다 그린 주변에 벙커나 연못 같은 장애물이 있어서 그것이 시야에 들어와서인지 아니면 꼭 첫타에 그린에 올려야겠다는 지나친 긴장 탓인지 1온시키기가 쉽지 않다. 프로 골퍼들의 경기에서도 파 3홀에서 버디가 적은 것은 아마 이런 이유 때문일 것이다.

일반적으로 아마추어 골퍼의 티샷이 (파 3홀에서) 그린을 벗어나면 파플레이까지는 상당한 노력이 필요하게 된다. 더욱이 팅그라운드 앞에 연못이나 언덕이 있는 상황이라면 불필요한 잡념에 시달려 미스샷이 되기 쉽다. 파 3홀에서의 미스샷은 대개 공이 좌우로 휘는 것보다는 짧거나 길어서 문제가 생기기 쉽다.

스코어 카드에 표시된 거리가 반드시 실제 거리와 같은 것은 아니다. 내려치는 홀은 실제 거리가 짧고 반대로 올려치는 홀은 길다고 봐야 한다. 내려칠 때 5번 아이언의 거리일 경우 6번을 잡아야 하는 것은 바로 이 때문이다. 홀마다 규정대로 온그린 (On-Green)시키는 것은 모든 골퍼의 바람이지만(이것을 레귤레이션이라고 한다), 그린을 벗어나더라도 그 손실이 1타에 그칠 수 있는 공격 루트를 찾아야 할 것이다.

클럽은 달라도 스윙은 한 가지

골프채를 휘두를 정도가 되면 공은 그럭저럭 맞아 나간다. 일반적으로 숏아이언으로 스윙을 배우게 되지만 클럽이 길어질수록 (번호가 작아질수록) 공을 맞히는 정확도가 달라지고 어려워진다.

그래서 스윙도 달라져야 하는 것으로 착각을 하게 되어 모처럼 쌓아 온 스윙 감각마저 잊어버리고 만다. 이것이 초보자가 겪는 수련 과정이다. 그렇다면 과연 우드 클럽과 아이언 클럽의 스윙은 다른 것이며 달라야 하는 것일까. 물론 티 위에 공을 올려놓고 칠 때와 잔디 위의 공을 그대로 칠 때와는 약간의 차이는 있다. 그러나 같은 조건이면 그것이 우드든 아이언이든, 길든 짧든 다를 것이 없다.

아마추어 골퍼의 스윙은 단순할수록 좋다고 했다. 그러니 우드샷과 아이언샷 사이에 근본적인 차이가 있을 수 없다. 클럽이 바뀔 때마다 스윙이 달라져서는 절대 안 된다. 티 위에 올려놓았기 때문에 쓸어치듯 스윙을 해야 하고 잔디 위에 있는 공은 찍어치는 스윙이 근본적으로 다른 것도 아니고 다를 수도 없다. 티 위에 올려놓았건 아니건간에 항상 같은 궤도 위를 달리는 스윙을 하는 것이 이상적이고 골프를 쉽게 할 수 있다.

다만 공의 위치가 왼쪽인지 오른쪽인지에 따라 결과적으로 박아치는 스윙이 되기도 하고 쓸어치는 것 같은 스윙이 되기도 하는 결과론에 불과하다. 클럽의 길이가 달라지면 스탠스의 폭도, 공과 몸과의 거리도, 때로는 공의 위치까지도 달라지게 된다. 그렇지만 스윙의 원리나 감각은 어떤 경우에도 같아야 스윙이 단순해지고 미스샷이 없는 스윙이 된다.

이 책을 펴내면서

골프의 기술이 하루 아침에 이루어지는 것은 아니다. 그렇다고 아무리 노력해도 효과가 없을 정도로 어려운 것도 아니다.

하나의 타구를 위한 골프 이론은 수없이 많다. 그것은 마치 산에 오르는 길이 여러 갈래이듯, 모든 길이 로마로 통하듯, 어떤 타법으로든지 공은 반드시 홀컵 속으로 들어가게 마련이다. 다만 어느 길이 내가 오르기에 편리한 길이고 어떻게 하면 타수를 줄일 수 있느냐 하는 것이 문제일 뿐이다.

골프 기량은 아주 작은 요령 하나라도 내 것으로 만들면 몰라 보게 달라진다. 때로는 연습하는 과정에서 스스로 눈을 뜨게 되는 경우도 있을 것이고, 때로는 유명 프로 골퍼의 이론이나 지도로 효과적인 타법을 배울 수도 있을 것이다. 그러나 그 이론을 이해하고 그 지도를 '내 것'으로 받아들이기에는 우리의 힘이 이에 미치지 못한다.

'콜롬브스의 달걀'같은 이론과 요령을 통해 초보자에게는 100의 벽을 깨는 기본을, 중견 골퍼에게는 90의 험난한 길을 헤쳐나갈 용기와 슬기를, 80의 준령을 넘어 70의 정상에 도전하는 골퍼에게는 이에 상응하는 기술과 방법을 널리 알리고자 노력하고 있다.

나에게 골프 인생의 바른 길을 열어준 오늘이 있기까지에는 우리나라 골프계에서 입은 은혜가 말할 수 없이 크다. 그래서 '골프에서 얻은 것을 골프로 돌려 주어야 한다'는 책임감을 느껴 빚을 갚는 심정으로 연재를 계속하고 있으며, 이 뜻을 펴기에 온갖 힘을 쏟고 있다.

더욱이 이 연재를 계획하고 모자라는 지식을 보태 주는 〈스포츠 서울〉편집국 여러분의 각별한 배려와 1986년부터 오늘까지 5년 동안 이어오는 「골프특강」에 대한 150만 〈스포츠 서울〉독자 여러분의 한결 같은 격려와 성원에 감사를 드린다.

여기에 수록한 몇 줄의 글이 여러분이 걸어가는 골프 인생의 길을 밝게 비춰 주는 이정표가 된다면 더없는 기쁨이고 영광이겠다.

우리 모두 홀인원의 꿈을 안고 즐겁고 건강한 골프 인생을 살아가기를 바라면서……

우 승 섭

우승섭골프특강 ③　　　　　　　　　값 15,000원

1999년 7월 25일 중판인쇄
1999년 7월 30일 중판발행

저　자　우　　승　　섭
발행자　박　　명　　호

발행소　**명　지　사**

서울특별시 동대문구 용두동 39-802
등　　록 : 1978. 6. 8. 제 5-28호
전　　화 : 967-1253 · 961-6686
사 서 함 : 서울청량우체국사서함 제154호
대체구좌 : 010983-31-1742329

ISBN 89-7125-099-2 03690